KOREANISCHE KÜCHE

JINA JUNG

KOREANISCHE KÜCHE

100 Rezepte für Bibimbap, Kimchi & Co.

Fotos von Akiko Ida

DK

Korea in meiner Küche

Ich koche sehr gern und essen bedeutet für mich viel mehr als nur Nahrungsaufnahme. Unsere Küche ist das lebendige Zeugnis einer Esskultur, die über lange Zeit gewachsen ist und durch ihre Aromen sowie die Art des Anrichtens und Genießens charakterisiert wird.

Die koreanische Küche wurde mir von meiner Mutter und meiner Großmutter vermittelt. In meiner Kindheit in Korea türmten sich einmal im Jahr Berge von Kohl in unserem Wohnzimmer, wenn die ganze Familie Kimchi zubereitete. Ich erinnere mich an Chilischoten, die in der Sonne trockneten, und an den ganz besonderen Geruch von gärenden Sojabohnen, aus denen nach einigen Monaten wunderbare Doenjang-Paste entstand. Und wenn ich heute koche, habe ich immer noch die Mantras im Ohr, nach denen sich die Frauen meiner Familie richteten: die Reihenfolge der Zutaten, die Vollständigkeit der Farben, die Ausgewogenheit der Chili-Schärfe ...

Entgegen der landläufigen Meinung ist die koreanische Küche einfach. Es geht dabei in erster Linie um eine Lebensart. Eine traditionelle koreanische Mahlzeit besteht aus mehreren kleinen Gerichten, die für Abwechslung sorgen.

In diesem Buch präsentiere ich eine Auswahl von traditionellen, einfachen Rezepten für köstliche Speisen aus meiner Familie und verrate, wie man sie auch in einer westeuropäischen Küche problemlos zubereiten kann. Außerdem erkläre ich einige typische Küchentechniken, darunter das Fermentieren. Und schließlich stelle ich einige interessante Zutaten vor, die normalerweise in asiatischen Lebensmittelgeschäften oder im Online-Handel zu bekommen sind.

Herzlich willkommen in meiner Küche! Gemeinsam werden wir köstliche koreanische Gerichte zubereiten.

Jina Jung

REIS
밥

Als ich klein war, sagte mein Großvater immer zu mir: »Iss deinen Reis bis zum letzten Korn und vergiss nicht die Mühe der Menschen, die ihn angebaut haben.«

Weißer Reis

HEENBAP

흰 밥

FÜR 4 PERSONEN
Vorbereitung 5 Minuten
Wartezeit 45 Minuten
Garzeit 20 Minuten

ZUTATEN
350 g Rundkornreis
500 ml Wasser

Den Reis in eine Schüssel geben und mit Wasser bedecken. Mit der Hand leicht vermengen und durchkneten. Das Wasser abgießen. Den Vorgang zweimal wiederholen. Dann den Reis in einen Topf geben und mit 500 ml Wasser bedecken. Für 30 Minuten beiseitestellen.

Den Topf verschließen und den Reis bei starker Hitze zum Kochen bringen. Beim ersten Aufkochen den Deckel einige Sekunden anheben, damit nichts überkocht, dann wieder auflegen. Den Reis noch dreimal ebenso aufwallen lassen. Nach 10 Minuten auf schwache Hitze schalten und den Deckel nicht mehr öffnen. Weitere 10 Minuten köcheln lassen, dann den Herd ausschalten. Den Reis vor dem Servieren weitere 15 Minuten im geschlossenen Topf nachquellen lassen.

Violetter Reis

JAPGOKBAP

잡 곡 밥

FÜR 4 PERSONEN
Vorbereitung 5 Minuten
Wartezeit 55 Minuten
Garzeit 20 Minuten

ZUTATEN
160 g weißer Rundkornreis
45 g schwarzer Reis
30 g Quinoa
40 g grober Bulgur
40 g grüne Linsen
600 ml Wasser

Beide Reissorten, Quinoa, Bulgur und Linsen in eine Schüssel geben und mit Wasser bedecken (**A**). Mit der Hand leicht vermengen und durchkneten (**B–C**). Das Wasser abgießen. Den Vorgang zweimal wiederholen. Nach dem letzten Abgießen die Reismischung mit 600 ml Wasser bedecken (**D**). Für 40 Minuten beiseitestellen (**E**).

Die Mischung in einen Topf geben, zudecken und bei starker Hitze zum Kochen bringen. Beim ersten Aufkochen den Deckel einige Sekunden anheben, damit nichts überkocht, dann wieder auflegen (**F**). Die Reismischung noch dreimal ebenso aufwallen lassen. Nach 10 Minuten auf schwache Hitze schalten und den Deckel nicht mehr öffnen. Weitere 10 Minuten köcheln lassen, dann den Herd ausschalten. Die Reismischung vor dem Servieren weitere 15 Minuten im geschlossenen Topf nachquellen lassen.

TIPP —— *Eine Mischung aus Reis und anderen Getreidesorten oder Hülsenfrüchten schmeckt gut und ist leicht verdaulich.*

A

B

C

D

E

F

Bratreis mit Kimchi

KIMCHI BOKKEUMBAP

김치볶음밥

Kimchi und gekochten weißen Reis haben die meisten Koreaner immer im Kühlschrank. Kein Wunder, dass Bratreis zu den einfachsten und beliebtesten Gerichten gehört!

FÜR 4 PERSONEN

Vorbereitung 15 Minuten
Garzeit 15 Minuten

ZUTATEN

400 g Kimchi aus Chinakohl (siehe S. 90)
1 EL Zucker
1 TL Knoblauchpulver
1 dünne Frühlingszwiebel
320 g Thunfisch in Sonnenblumenöl
3 EL geschmacksneutrales Pflanzenöl
1 EL Gochugaru-Chilipulver
2 EL Sojasauce
1 EL Fischsauce
400 g gekochter weißer Reis (siehe S. 10), kalt
4 Eier

Den Kimchi in eine Schüssel geben und mit einer Schere in kleine Stücke schneiden. Zucker und Knoblauchpulver zugeben und gut durchkneten. 5 Minuten ruhen lassen.

Die Frühlingszwiebel hacken. Den Thunfisch abtropfen lassen. In einer Pfanne 2 EL Pflanzenöl erhitzen. Die gehackte Frühlingszwiebel hineingeben und bei starker Hitze braten, bis sie glasig wird. Kimchi und Gochugaru hinzufügen. Alles 5 Minuten braten, bis der Kimchi leicht glasig ist. Thunfisch, Sojasauce und Fischsauce zugeben und 5 Minuten mitbraten.

Den gekochten Reis in die Pfanne geben und gut umrühren, um alle Zutaten gleichmäßig zu bräunen. In einer zweiten Pfanne in dem restlichen 1 EL Öl die Spiegeleier braten. Wenn der Reis die Farbe des Kimchi angenommen hat, kann serviert werden.

Den Bratreis in Schüsseln füllen. Auf jede Portion ein Spiegelei legen. Nach Belieben eingelegtes Gemüse mit Sojasauce (siehe S. 118) oder eingelegten Rettich (siehe S. 122) dazu servieren.

TIPP —— *Wer möchte, kann das Gericht mit Streifen von Nori-Blättern oder Schnittlauchröllchen garnieren.*

Bratreis Hawaii

HAWAIIAN BOKKEUMBAP

하 와 이 안 볶 음 밥

FÜR 4 PERSONEN
Vorbereitung 15 Minuten
Garzeit 20 Minuten

ZUTATEN
½ dünne Frühlingszwiebel
1 Zwiebel
1 Karotte
¼ Salatgurke
½ Ananas
3 Eier
½ TL Salz
1 Prise Pfeffer
1 TL Knoblauchpulver
3 EL Butter
2 EL Mat-Ganjang-Sauce (siehe S. 146)
200 g geschälte Garnelen, vom Darm befreit
350 g gekochter weißer Reis (siehe S. 10), kalt
Ketchup zum Servieren

Die Frühlingszwiebel fein hacken. Zwiebel und Karotte schälen, dann in 5 mm große Würfel schneiden, die Gurke ebenfalls in 5 mm große Würfel schneiden. Das Fruchtfleisch der Ananas aus der Schale lösen, dabei die Schale möglichst nicht verletzen. Das Fruchtfleisch in 1 cm große Würfel schneiden. Die Eier verquirlen und mit Salz, Pfeffer und Knoblauchpulver würzen.

In einer Pfanne 2 EL Butter erhitzen. Frühlingszwiebel und Zwiebel zugeben und glasig anschwitzen. Karotte, Gurke sowie Mat-Ganjang-Sauce zugeben und garen, bis die Karotte weich ist. Die Ananas und die Garnelen zugeben und 3 Minuten mitbraten.

Den gekochten Reis in die Pfanne geben und gut umrühren, falls nötig nachsalzen. Den gesamten gebratenen Reis auf eine Seite der Pfanne schieben. Den restlichen 1 EL Butter auf den freien Teil des Pfannenbodens geben. Die verquirlten Eier hineingießen. Unter Rühren braten, bis sie halb durchgegart sind, dann unter den Reis mischen.

Den Bratreis zum Servieren in die Ananasschalen oder in Schüsseln füllen und mit Ketchup garnieren. Dazu schmeckt eingelegtes Gemüse mit Sojasauce (siehe S. 118) oder eingelegter Rettich (siehe S. 122).

Curry-Bratreis

CURRY BOKKEUMBAP

카레볶음밥

FÜR 4 PERSONEN

Vorbereitung 15 Minuten
Garzeit 25 Minuten

ZUTATEN

2 mittelgroße Kartoffeln
1 Zwiebel
1 Karotte
½ Zucchini
½ rote Paprikaschote
4 Bockwürstchen
20 g koreanisches (oder japanisches) Currypulver
30 g Butter
50 g Maiskörner
Salz
50 ml Wasser
350 g gekochter weißer Reis (siehe S. 10), kalt

Kartoffeln, Zwiebel und Karotte schälen, Zucchini und Paprika putzen und alles in 1 cm große Würfel schneiden. Die Würstchen in 5 mm dicke Scheiben schneiden. Das Currypulver mit 3 EL Wasser verrühren.

Die Butter in einer Pfanne erhitzen. Die Zwiebel darin glasig anschwitzen. Den Mais zugeben und 3 Minuten mitgaren. Kartoffeln und Karotte zugeben und mit Salz würzen. 50 ml Wasser angießen und alles etwa 10 Minuten köcheln lassen, bis die Kartoffeln und die Karotte gar sind. Wenn das Wasser verdampft ist, Zucchini, Würstchenscheiben und Paprika unterrühren. Das Ganze weitere 5 Minuten garen, dann mit Salz abschmecken.

Wenn die Zucchini gar ist, Reis und Currypulver zugeben. Gut umrühren, bis der Reis heiß ist und die Farbe des Currys angenommen hat.

Den Bratreis in Schüsseln füllen. Dazu schmeckt eingelegtes Gemüse mit Sojasauce (siehe S. 118), eingelegter Rettich (siehe S. 122) oder Kimchi.

Reiskugeln

JUMEOK-BAP

주먹밥

Auf Schulausflügen haben wir die Reiskugeln oft im Bus unter Freunden geteilt. Zur Mittagszeit hatten wir dann meistens schon alles aufgegessen …

FÜR 2 PERSONEN

Vorbereitung 15 Minuten – Wartezeit 5 Minuten – Garzeit 5 Minuten

Thunfisch-Mayonnaise

ZUTATEN

250 g gekochter weißer Reis (siehe S. 10), heiß
80 g Thunfisch im eigenen Saft
50 g Kimchi aus Chinakohl (siehe S. 90)
½ TL Sesamöl
½ TL Zucker
⅓ Nori-Blatt
2 EL Mayonnaise
Salz

Den Reis in eine Schüssel geben. Den Thunfisch abtropfen lassen. Den Kimchi waschen und mit den Händen gut auspressen, dann fein hacken. Den Kimchi mit Sesamöl und Zucker verrühren. Das Nori-Blatt in feine Streifen schneiden. Thunfisch, Kimchi und Nori mit dem Reis, der Mayonnaise und etwas Salz vermengen. Tischtennisballgroße Kugeln formen.

Surimi-Mayonnaise

ZUTATEN

250 g gekochter weißer Reis (siehe S. 10), heiß
¼ Zwiebel
geschmacksneutrales Pflanzenöl
5 cm Salatgurke
5 Stäbchen Surimi
3 EL Mayonnaise
Salz

Den Reis in eine Schüssel geben. Die Zwiebel schälen, hacken und in etwas Pflanzenöl 3 Minuten anbraten, dann auf Küchenpapier abtropfen lassen. Die Gurke hacken, mit Salz würzen, 5 Minuten ruhen lassen und dann in der Hand ausdrücken, um überschüssiges Wasser zu entfernen. Das Surimi hacken. Alle Zutaten mit dem Reis, der Mayonnaise und etwas Salz vermengen. Tischtennisballgroße Kugeln formen.

Omelett-Schinken

ZUTATEN

250 g gekochter weißer Reis (siehe S. 10), heiß
1 Ei
1 Prise Knoblauchpulver
geschmacksneutrales Pflanzenöl
1 Scheibe Kochschinken
1 EL Sesam
Salz
1 TL Sesamöl

Den Reis in eine Schüssel geben. Das Ei mit dem Knoblauchpulver und etwas Salz verquirlen. In einer Pfanne in etwas Pflanzenöl ein Rührei braten und in sehr kleine Stücke zerteilen. Den Schinken hacken. Den Sesam im Mörser zerstoßen. Alle Zutaten mit dem Reis vermengen und mit Salz und dem Sesamöl würzen. Tischtennisballgroße Kugeln formen.

Reis mit Thunfisch und Mayonnaise

CHAMCHI-MAYO-DEOPBAP

참치마요덮밥

Dieses einfache, schnelle und gehaltvolle Gericht bereite ich gern zu, wenn ich wenig Zeit zum Kochen habe. Der Reis muss noch warm sein.

FÜR 1 SCHALE
Vorbereitung 15 Minuten
Garzeit 3 Minuten

ZUTATEN
2 Eier
Salz
Pfeffer
Pflanzenöl
2 Blätter Bataviasalat
¼ Nori-Blatt
80 g Thunfisch in Sonnenblumenöl
1½ EL Sojasauce
½ TL Zucker
½ TL Gochugaru-Chilipulver
½ TL Knoblauchpulver
180 g gekochter weißer Reis (Seite 10), heiß
2 EL Mayonnaise

Die Eier verquirlen, mit Salz und Pfeffer würzen. Etwas Öl in einer Pfanne erhitzen und die Eier darin als Rührei zubereiten. Beiseitestellen.

Den Salat in etwas breitere, das Nori-Blatt in feine Streifen schneiden. Den Thunfisch abtropfen lassen, dabei etwas Öl zurückbehalten. Den Thunfisch in einer Schüssel mit ½ EL Sojasauce, Zucker, Gochugaru und Knoblauchpulver verrühren.

Den Reis in eine Servierschale geben. Den Salat darauf verteilen und mit 1 EL Sojasauce beträufeln. Das Rührei darauf anrichten und großzügig mit Mayonnaise garnieren. Den Thunfisch in die Mitte geben und mit den Nori-Streifen bestreuen.

Vor dem Essen nicht umrühren, sondern versuchen, mit jedem Bissen etwas von allen Zutaten zu erwischen.

Reisbrei

JUK

죽

Mit Huhn

FÜR 4 PERSONEN
Vorbereitung 20 Minuten – Wartezeit 45 Minuten
Garzeit 1 Stunde 10 Minuten

ZUTATEN
150 g Rundkornreis, 1,7 l Wasser, 400 g Hähnchenbrustfilet, 5 Knoblauchzehen, 1 Karotte, ½ Zwiebel, ½ Zucchini, Salz

Den Reis dreimal waschen, dann mindestens 45 Minuten in kaltem Wasser einweichen.

In einem Topf 1,7 l Wasser zum Kochen bringen. Die Hähnchenbrust mit den geschälten Knoblauchzehen hineingeben. 10 Minuten kochen lassen, dann die Temperatur auf mittlere Hitze reduzieren. Das Fleisch weitere 10 Minuten garen. Das gegarte Fleisch mit einem Schaumlöffel aus der Brühe nehmen. Den Knoblauch wegwerfen. Das Fleisch etwas abkühlen lassen und mit der Hand in kleine Stücke zupfen.

Karotte und Zwiebel schälen, dann zusammen mit der Zucchini hacken.

Den Reis abgießen, dann mit 500 ml von der Hühnerbrühe und dem Fleisch in einen Topf geben und zum Kochen bringen. Bei mittlerer Hitze unter regelmäßigem Rühren 20 Minuten kochen lassen. Das Gemüse zugeben und den Reisbrei unter regelmäßigem Rühren weitere 30 Minuten köcheln lassen, dabei nach und nach die restliche Brühe zugießen. Den Reisbrei mit Salz abschmecken.

Mit Rindfleisch

FÜR 4 PERSONEN
Vorbereitung 20 Minuten – Wartezeit 45 Minuten
Garzeit 50 Minuten

ZUTATEN
150 g Rundkornreis, 200 g Rinderhackfleisch, ½ EL Fischsauce, ½ EL Zucker, ½ TL Knoblauchpulver, 1 EL klarer Schnaps (Soju oder Gin), ½ Zwiebel, 1 Karotte, ½ Zucchini, 2 Champignons oder Shiitakepilze, 1,2 l Wasser, Salz

Den Reis dreimal waschen, dann mindestens 45 Minuten in kaltem Wasser einweichen.

Das Hackfleisch mit Küchenpapier abtupfen, um Blut zu entfernen. In einer Schüssel mit Fischsauce, Zucker, Knoblauchpulver und Schnaps vermischen. 20 Minuten ruhen lassen.

Zwiebel und Karotte schälen, Zucchini und Pilze putzen und alles hacken. Den Reis abgießen und abtropfen lassen.

Einen Topf erhitzen. Das Hackfleisch darin einige Minuten anbraten und dabei mit einem Kochlöffel zerteilen. Den Reis und 500 ml Wasser zugeben und zum Kochen bringen. Bei mittlerer Hitze unter regelmäßigem Rühren 20 Minuten köcheln lassen. Die Temperatur auf schwache Hitze reduzieren und den Reisbrei weitere 30 Minuten köcheln lassen, dabei regelmäßig umrühren und nach und nach das restliche Wasser (700 ml) zugießen. Den Reisbrei mit Salz abschmecken.

TIPP —— *Zum Anrichten 2 Eier verquirlen und ein dünnes Omelett braten. Einige Minuten abkühlen lassen, dann aufrollen und die Rolle vorsichtig in feine Streifen schneiden, ohne sie zu zerdrücken. Auf jede Portion Reisbrei eine Omelett-Schnecke legen und mit einigen Tropfen Sesamöl beträufeln. Einige Pinienkerne und eine Jujube-Blüte (siehe S. 196) in die Mitte geben. Wer mag, kann zum Garnieren auch in Scheiben geschnittene gebratene Pilze verwenden.*

TEIG
반죽

Tteokbokki, koreanische Pfannkuchen und in Teig Frittiertes sind wirklich große Köstlichkeiten. Es gibt sie in vielen Variationen. Und immer, wenn ich so etwas zubereite, versetzen mich der Duft der Saucen und das Knistern des Öls in der Pfanne sofort auf einen koreanischen Markt mit seinen vielen Imbissständen.

Tteokbokki-Reiskuchen

TTEOKBOKKI TTEOK

떡 볶 이 떡

Kleine fingerförmige Kuchen aus Reismehl werden in der koreanischen Küche ähnlich wie Nudeln verwendet. Man kann sie gut auf Vorrat herstellen und im Kühlschrank aufbewahren oder einfrieren.

ERGIBT ETWA 450 G TTEOK

Vorbereitung 20 Minuten
Wartezeit 40 Minuten
Garzeit 10 Minuten

ZUTATEN

160 g Weizenmehl
80 g Klebreismehl
20 g Kartoffelstärke
1 TL Salz
etwa 170 ml Wasser

Weizenmehl, Reismehl, Stärke und Salz in eine Schüssel geben. Nach und nach das Wasser zugießen und dabei mit der Hand kneten, bis ein glatter, homogener Teig entsteht (**A**). Wenn diese Konsistenz erreicht ist, kein weiteres Wasser zugeben. Den Teig zugedeckt bei Zimmertemperatur 10 Minuten ruhen lassen.

Den Teig zu einer gleichmäßigen dicken Rolle formen (**B**). In 20 gleich große Stücke schneiden (**C**). Aus jedem Teigstück eine etwa 1 cm dicke Rolle formen (**D**) und in zwei bis drei Stücke schneiden (**E**). Falls sie beim Schneiden zusammengedrückt wurden, die Schnittkanten wieder in Form bringen, damit gleichmäßige Röllchen entstehen.

In einem Topf Wasser zum Kochen bringen. Die Reiskuchen hineingeben und vorsichtig umrühren, damit sie nicht am Boden des Topfes ansetzen oder zusammenkleben. 10 Minuten kochen lassen, bis sie an die Oberfläche steigen. Den Herd ausschalten und den Topf auf der Herdplatte noch 3 Minuten stehen lassen. Zwei Schüsseln mit kaltem Wasser bereitstellen. Die Reiskuchen mit einem Schaumlöffel (**F**) aus dem Topf heben und in der ersten Schüssel kurz abkühlen, dann in die zweite Schüssel geben.

Die Tteokbokki Tteok aus dem Wasser nehmen und mit etwas Abstand dazwischen auf Backpapier verteilen. 30 Minuten trocknen lassen.

TIPP —— *Werden die Tteokbokki Tteok nicht sofort weiterverwendet, lässt man sie doppelt so lange abkühlen und pinselt sie dann dünn mit geschmacksneutralem Pflanzenöl ein, damit sie nicht zusammenkleben. Sie halten sich 3 Tage im Kühlschrank oder mehrere Monate im Gefrierfach.*

A

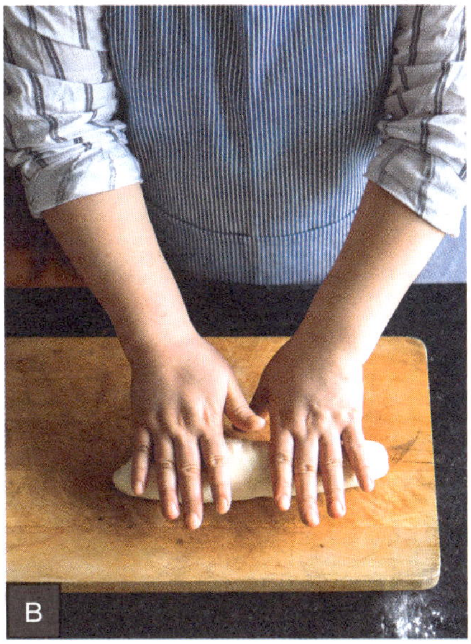
B

C

D

E

F

Tteokbokki mit Chilipaste

TTEOKBOKKI

떡 볶 이

Wenn ich aus der Schule nach Hause ging, hing immer der Geruch von Tteokbokki in den Straßen. Diese koreanische Streetfood-Spezialität gibt es zu jeder Tageszeit, und ich mochte nachmittags nichts lieber.

FÜR 4 PERSONEN
Vorbereitung 10 Minuten
Garzeit 20 Minuten

ZUTATEN
2 dünne Frühlingszwiebeln
200 g Fischküchlein (siehe S. 174)
4 Eier
500 ml Wasser
1 Würfel Gemüsebrühe
4 EL Zucker
300 g Tteokbokki-Reiskuchen (siehe S. 26)
40 g Gochujang-Chilipaste
1 EL Gochugaru-Chilipulver
1 EL Sojasauce
½ EL Knoblauchpulver

Die Frühlingszwiebeln in 5 cm lange Stücke schneiden, dann diese der Länge nach halbieren. Die Fischküchlein schräg in 1,2 cm dicke Stücke schneiden. Die Eier hart kochen.

Das Wasser in eine Pfanne gießen. Brühwürfel und Zucker zugeben. Das Wasser zum Kochen bringen. Sofort auf mittlere Hitze herunterschalten und die Tteokbokki-Reiskuchen hineingeben. 5 Minuten unter Rühren köcheln lassen, dabei gelegentlich umrühren, damit sie nicht am Boden der Pfanne ansetzen oder zusammenkleben; bei Bedarf trennen. Gochujang, Gochugaru, Sojasauce, Knoblauchpulver und Fischküchlein zugeben.

Das Ganze 10 Minuten unter regelmäßigem Rühren kochen lassen, dann die gepellten Eier und die Frühlingszwiebeln zugeben. Am Ende der Garzeit sollten die Reiskuchen weich sein, die Sauce ist um die Hälfte reduziert und überzieht die Zutaten.

TIPP —— *Dazu passen Gimbap mit Kimchi (siehe S. 116), Frittierte Süßkartoffeln (siehe S. 52) oder Algenröllchen mit Glasnudeln (siehe S. 54), die sich gut in die Tteokbokki-Sauce dippen lassen. Eingelegter Rettich (siehe S. 122) und eine Limonade (siehe S. 200) mildern die Chilischärfe.*

Tteokbokki mit Schwarze-Bohnen-Paste

JJAJANG-TTEOKBOKKI

짜장 떡볶이

Auf diese Art bereitet man Tteokbokki vor allem zu Hause zu. Meine Mutter hat mir das oft nachmittags nach der Schule gemacht, aber auch als Mittag- oder Abendessen kommt es oft auf den Tisch.

FÜR 4 PERSONEN

Vorbereitung 20 Minuten
Wartezeit 20 Minuten
Garzeit 30 Minuten

ZUTATEN

3 EL Zucker
150 ml Wasser
300 g Tteokbokki-Reiskuchen (siehe S. 26)
150 g Weißkohl
⅓ Karotte
½ Zwiebel
1 Frühlingszwiebel
2 cm Lauch (weißer Teil)
150 g Schweinebauch
150 g Fischküchlein (siehe S. 174)
2 EL geschmacksneutrales Pflanzenöl
50 g Schwarze-Bohnen-Paste (Chunjang), nicht gebraten
1 EL Sojasauce
1 EL Ingwersirup (siehe S. 202)

Den Zucker mit dem Wasser verrühren. Die Tteokbokki-Reiskuchen hineinlegen und 20 Minuten ziehen lassen.

Den Kohl in 5 cm lange und 1 cm breite Streifen schneiden. Die Karotte schälen und in Stifte schneiden, die Zwiebel schälen und in dünne Streifen schneiden. Den weißen Teil der Frühlingszwiebel in Streifen schneiden, den grünen Teil schräg in 3 cm lange Stücke schneiden. Den Lauch hacken. Den Schweinebauch in schmale Streifen schneiden. Die Fischküchlein schräg in 1 cm dicke Stücke schneiden.

Das Öl und die Bohnenpaste in einer Pfanne erhitzen und 5 Minuten bei starker Hitze unter ständigem Rühren braten. Ein feines Sieb über eine Schüssel hängen und die Mischung hineingeben. Einige Minuten abtropfen lassen, dabei das Öl auffangen. Das Öl zurück in die Pfanne geben und den Lauch darin bei schwacher Hitze andünsten.

Wenn der Lauch duftet, Schweinebauch, Sojasauce und Ingwersirup hinzufügen. 3 Minuten bei starker Hitze braten. Restliches Gemüse (bis auf den grünen Teil der Frühlingszwiebel), Fischküchlein und abgetropfte Bohnenpaste zugeben. Alles noch 5 Minuten unter Rühren braten.

Die Tteokbokki-Reiskuchen mit dem Einweichwasser in die Pfanne geben. 10–15 Minuten bei mittlerer Hitze köcheln lassen. 5 Minuten vor Ende der Garzeit die Frühlingszwiebel hinzufügen. Heiß servieren.

TIPP —— *Um das Rezept etwas aufzupeppen, können Sie kurz vor dem Servieren 1 TL Gochugaru-Chilipulver hinzufügen. Servieren Sie dazu Gimbap mit Kimchi (siehe S. 116), Frittierte Süßkartoffeln (siehe S. 52) oder Algenröllchen mit Glasnudeln (siehe S. 54).*

Tteokbokki mit Sojasauce

GANJANG-TTEOKBOKKI

간 장 떡 볶 이

FÜR 4 PERSONEN
Vorbereitung 10 Minuten
Garzeit 20 Minuten

ZUTATEN
1 Karotte
10 cm Lauch (weißer Teil)
200 g Fischküchlein (siehe S. 174)
250 ml Wasser
3 EL Zucker
300 g Tteokbokki-Reiskuchen (siehe S. 26)
7 EL Mat-Ganjang-Sauce (siehe S. 146)
½ TL Pfeffer
Sesam

Die Karotte schälen und quer halbieren, dann jedes Stück der Länge nach halbieren und schließlich der Länge nach in dünne Streifen schneiden. Den Lauch schräg in 2 cm dicke Stücke schneiden. Die Fischküchlein schräg in Stücke schneiden.

Das Wasser in eine Pfanne gießen. Den Zucker zugeben und die Mischung zum Kochen bringen. Sofort auf mittlere Hitze herunterschalten und die Reiskuchen hineingeben. 5 Minuten köcheln lassen, dabei regelmäßig umrühren, damit sie nicht am Boden der Pfanne ansetzen oder zusammenkleben; bei Bedarf trennen. Mat-Ganjang-Sauce, Karotte, Lauch und Fischküchlein zugeben. Alles unter Rühren 10 Minuten köcheln lassen.

Wenn die Sauce um die Hälfte reduziert ist, den Pfeffer und eine großzügige Prise Sesam hinzufügen. Das Ganze mit etwas Mat-Ganjang-Sauce nachwürzen, falls nötig.

TIPP —— *Dazu passen hart gekochte Eier, Frittierte Süßkartoffeln (siehe S. 52) oder Algenröllchen mit Glasnudeln (siehe S. 54) und eingelegter Rettich (siehe S. 122).*

Tteok-Spieße mit süß-salziger Sauce

TTEOK-KKOCHI

떡꼬치

Ein typisch koreanischer Streetfood-Klassiker. Vor allem bei Kindern sind die Spieße sehr beliebt, da sie leichte Schärfe mit einem angenehmen süß-salzigen Geschmack verbinden.

FÜR 6 SPIESSE

Vorbereitung 20 Minuten
Garzeit 15 Minuten

ZUTATEN

36 Tteokbokki-Reiskuchen (siehe S. 26)
3 EL Ketchup
2 EL Zucker
1 TL Knoblauchpulver
3 EL Sojasauce
½ EL Gochugaru-Chilipulver
15 g Gochujang-Chilipaste
50 ml Wasser
2 EL Maissirup
geschmacksneutrales Pflanzenöl

In einem Topf Wasser zum Kochen bringen. Die Tteokbokki-Reiskuchen darin 3 Minuten garen, dann abtropfen lassen. Wenn sie leicht abgekühlt sind, jeweils sechs davon auf einen Holzspieß stecken. (Wenn die Tteokbokki-Reiskuchen frisch hergestellt wurden, diesen ersten Schritt überspringen und die Spieße vorbereiten, ohne sie 30 Minuten abkühlen zu lassen; siehe S. 26).

In einem Topf Ketchup, Zucker, Knoblauchpulver, Sojasauce, Gochugaru und Gochujang mit 50 ml Wasser verrühren. Die Sauce zum Kochen bringen, dann bei schwacher Hitze unter vorsichtigem Rühren 5 Minuten köcheln lassen. Vom Herd nehmen und langsam den Sirup einrühren.

Pflanzenöl in eine Pfanne gießen, sodass es die Hälfte der Höhe eines Reiskuchens erreicht. Erhitzen und die Spieße von jeder Seite 3 Minuten braten.

Die Spieße auf eine Platte legen und beide Seiten großzügig mit der Sauce einpinseln. Sofort servieren.

Koreanischer Pfannkuchenteig

JEON BANJUK

전 반 죽

ERGIBT 700 G
Vorbereitung 10 Minuten

ZUTATEN
250 g Mehl
2 Eier
1 TL Salz
350 ml Wasser

Jeon-Sauce
2 EL Sojasauce
1 EL Apfelessig
1 EL Zucker
1 Prise Pfeffer
1 Prise Sesam

Das Mehl in eine Schüssel geben, die Eier und das Salz zugeben. Nach und nach das Wasser angießen und mit einem Spatel verrühren. Wenn der Teig anfängt, flüssig zu werden, mit dem Schneebesen weiterrühren und Klümpchen zerteilen. Der Teig sollte gießfähig sein, aber nicht zu flüssig.

Für die Sauce alle Zutaten verrühren.

TIPP —— Dieser Teig kann für viele verschiedene koreanische Pfannkuchenrezepte verwendet werden.

Zucchini-Pfannkuchen

HOBAKJEON

호 박 전

Wenn mich der kleine Hunger packt, mache ich diese herzhaften Pfannkuchen gerne als Snack. Sie können kleine Pfannkuchen backen oder große, die man teilt.

ERGIBT 4 PFANNKUCHEN (Ø 24 CM)
Vorbereitung 5 Minuten
Garzeit 30 Minuten

ZUTATEN
1 Rezeptmenge Pfannkuchenteig (siehe S. 36)
2 Zucchini
½ Karotte
½ Zwiebel
1 TL Knoblauchpulver
1 Prise Pfeffer
1 TL Salz
1 rote Chili (nach Belieben)
geschmacksneutrales Pflanzenöl

Nach dem Rezept auf S. 36 den Pfannkuchenteig anrühren.

Die Zucchini und die geschälte Karotte raspeln. Die Zwiebel schälen und in dünne Streifen schneiden. Mit Knoblauchpulver, Pfeffer und Salz zum Teig geben und gut verrühren. Wer mag, kann eine Chilischote entkernen und in kleine Würfel schneiden (oder eine kleine rote Paprika).

Etwas Pflanzenöl in einer großen Pfanne stark erhitzen. Ein Viertel des Pfannkuchenteigs darin verteilen. Falls verwendet, mit Chili- oder Paprikawürfeln bestreuen. Mit einem Spatel den Teig sofort vom Pfannenboden lösen, damit er nicht anklebt. Sobald der Rand braun zu werden beginnt und die Oberfläche leicht fest wird, den Pfannkuchen wenden. Die zweite Seite bei starker Hitze weitere 4 Minuten backen. Auf diese Weise drei weitere Pfannkuchen backen.

Mit Jeon-Sauce (siehe S. 36) oder eingelegten Zwiebeln (siehe S. 118) und etwas von der Sojamarinade servieren.

Kimchi-Pfannkuchen

KIMCHIJEON

김치전

Wenn ich koreanische Freunde zu mir nach Hause einlade und ihnen eine besondere Freude machen will, gibt es diese Pfannkuchen. Alle Koreaner lieben nämlich Kimchi und Pfannkuchen.

ERGIBT 4 PFANNKUCHEN (Ø 24 CM)
Vorbereitung 15 Minuten
Garzeit 30 Minuten

ZUTATEN
1 Rezeptmenge Pfannkuchenteig (siehe S. 36)
500 g Kimchi aus Chinakohl (siehe S. 90)
2 TL Gochugaru-Chilipulver
2 EL Fischsauce
geschmacksneutrales Pflanzenöl

Nach dem Rezept auf S. 36 den Pfannkuchenteig anrühren.

Den Kimchi mit einer Schere in kleine Stücke schneiden und mitsamt der Flüssigkeit in eine Schüssel geben. Gochugaru und Fischsauce zugeben. Den Pfannkuchenteig hinzufügen und alles gut verrühren.

Etwas Öl in eine große Pfanne geben und erhitzen. Ein Viertel der Teigmenge darin verteilen und bei starker Hitze braten. Den Teig sofort mit einem Spatel vom Pfannenboden lösen, damit er nicht festklebt. Sobald der Rand braun zu werden beginnt und die Oberfläche leicht fest wird, den Pfannkuchen wenden und von der anderen Seite weitere 4 Minuten backen. Aus dem restlichen Teig drei weitere Pfannkuchen herstellen.

Mit Jeon-Sauce (siehe S. 36) oder eingelegten Zwiebeln (siehe S. 118) und etwas von der Sojamarinade servieren.

TIPP —— *Für eine Version mit Fleisch 200 g Schweinebauch in kleine Würfel schneiden und 5 Minuten in einer Pfanne scharf anbraten. Die Fleischwürfel unter den Teig rühren, kurz bevor die Pfannkuchen gebacken werden.*

Meeresfrüchte-Pfannkuchen

HAEMUL-PAJEON

해물파전

In Korea sagt man, dass das Brutzeln von Pfannkuchen an das Geräusch von fallendem Regen erinnert. An Regentagen bereite ich diese Meeresfrüchte-Pfannkuchen zu, gieße mir eine Schale Makgeolli (koreanischen Reiswein) ein und schwelge in Erinnerungen.

ERGIBT 4 PFANNKUCHEN (Ø 24 CM)
Vorbereitung 20 Minuten
Garzeit 40 Minuten

ZUTATEN
1 Rezeptmenge Pfannkuchenteig (siehe S. 36)
200 g Oktopus
60 g Miesmuschelfleisch
60 g Jakobsmuscheln
4 große rohe Garnelen
200 g dünne Frühlingszwiebeln
Knoblauchpulver
2 Eier
1 Prise Salz
geschmacksneutrales Pflanzenöl

Nach dem Rezept auf S. 36 den Pfannkuchenteig anrühren.

Den Oktopus in mundgerechte Streifen schneiden. Die Miesmuscheln waschen. Große Jakobsmuscheln vierteln. Die Garnelen schälen und den Darm entfernen. Die Frühlingszwiebeln in 10 cm lange Stücke schneiden. Oktopus und Muscheln mit Frühlingszwiebeln, Pfeffer und Knoblauchpulver nach Geschmack in einer großen Schüssel vermischen. Den Pfannkuchenteig hinzufügen und alles gleichmäßig verrühren. Die Eier separat verquirlen und mit dem Salz würzen.

Etwas Öl in eine Pfanne gießen und stark erhitzen. Ein Viertel der Teigmenge hineingeben. Die Teigschicht soll dünner sein als eine Garnele. Eine Garnele in die Mitte der Pfanne legen und ein Viertel der verquirlten Eier zugießen, sodass sie sich gleichmäßig über die gesamte Oberfläche verteilen und keine Löcher mehr zu sehen sind. Auf mittlere Hitze herunterschalten. Den Teig sofort mit einem Spatel vom Boden der Pfanne lösen, damit er nicht anklebt.

Den Pfannkuchen 5–7 Minuten braten und wenden, wenn der Rand zu bräunen beginnt. Einen dünnen Strahl Pflanzenöl über den Rand des Pfannkuchens in die Pfanne fließen lassen. Die zweite Seite ebenfalls 5–7 Minuten backen. In der letzten Minute auf starke Hitze hochschalten, damit der Pfannkuchen schön knusprig wird. Die restlichen Pfannkuchen ebenso zubereiten.

Mit Jeon-Sauce (siehe S. 36) oder eingelegten Zwiebeln (siehe S. 118) und etwas von der Sojamarinade servieren.

TIPP —— Dieses Rezept eignet sich sowohl für frische als auch für tiefgekühlte Meeresfrüchte.

Thunfisch-Küchlein

CHAMCHI-GYERANJEON

참치계란전

Diese Küchlein sind bei Kindern in Korea sehr beliebt. Und mit etwas Chili geschärft, kommen sie auch bei Erwachsenen gut an.

ERGIBT 5 KÜCHLEIN (Ø 9 CM)
Vorbereitung 10 Minuten
Garzeit 20 Minuten

ZUTATEN
160 g Thunfisch in Sonnenblumenöl
½ Karotte
¼ Zwiebel
½ grüne Chili (nach Belieben)
2 Eier
30 g Weizenmehl
½ TL Knoblauchpulver
1 TL Salz
1 Prise Pfeffer
geschmacksneutrales Pflanzenöl

Das überschüssige Öl aus der Thunfischdose abgießen, den Thunfisch in eine Schüssel geben. Karotte und Zwiebel schälen und hacken. Für mehr Pep die Chilischote entkernen und unter fließendem Wasser abspülen, dann hacken. Das Gemüse zum Thunfisch geben. Eier, Mehl, Knoblauchpulver, Salz und Pfeffer zugeben und alles gut vermengen.

Etwas Pflanzenöl in einer großen Pfanne erhitzen. Mit einer Schöpfkelle Teigkleckse in die Pfanne geben und zu runden Küchlein formen. 4–5 Minuten bei mittlerer Hitze braten, wenden und 4–5 Minuten von der anderen Seite braten. In der letzten Minute auf starke Hitze hochschalten, damit die Pfannkuchen knusprig werden. Beide Seiten sollen gut gebräunt sein und die Pfannkuchen eine leicht feste Konsistenz haben.

Heiß mit Ketchup oder Jeon-Sauce (siehe S. 36) genießen.

Mungobohnen-Küchlein

NOKDUJEON

녹 두 전

Diese Küchlein haben meine Mutter und ich immer für große Familienfeste zubereitet. Die Herstellung ist etwas zeitaufwendig, aber schon beim ersten Bissen fühlt man sich für alle Mühen entschädigt.

ERGIBT 6 KÜCHLEIN (Ø 9 CM)

Vorbereitung 40 Minuten
Wartezeit 12 Stunden
Garzeit 20 Minuten

ZUTATEN

240 g getrocknete Mungobohnen
100 g Schweinebauch
1 Prise Salz
1 EL klarer Schnaps (Soju oder Gin)
1 TL Knoblauchpulver
1 Prise Pfeffer
200 g Kimchi aus Chinakohl (siehe S. 90)
100 g Bohnensprossen
1 dünne Frühlingszwiebel
¼ rote Chili
100 ml Wasser
geschmacksneutrales Pflanzenöl

Die Mungobohnen in reichlich kaltem Wasser 12 Stunden einweichen. Nach dieser Wartezeit die Bohnen zwischen den Händen kräftig reiben, um die Haut zu entfernen (**A**). Das Einweichwasser durch ein Sieb gießen, dabei die Bohnen zurückhalten, um einen Teil der Häute abzuspülen (**B**). Das Wasser in einer Schüssel auffangen und wieder über die Sojabohnen gießen (**C**). Den Vorgang so oft wiederholen, bis etwa 60 % der Bohnen keine Haut mehr haben. Die Bohnen nochmals gut waschen, abtropfen lassen, dann im Mixer pürieren (**D**).

Den Schweinebauch in kleine Würfel schneiden. Mit Salz, Schnaps, Knoblauchpulver und Pfeffer mischen. In einer heißen Pfanne 5 Minuten anbraten und dann zur Seite stellen.

Den Kimchi unter fließendem Wasser abspülen und mit der Hand auspressen. In kleine Stücke schneiden.

Die Bohnensprossen waschen. In kochendem Wasser 3 Minuten ohne Deckel blanchieren. In ein Sieb abgießen, mit kaltem Wasser abschrecken, dann abtropfen lassen und mit den Händen ausdrücken.

Die Frühlingszwiebel in 1 cm lange Stücke schneiden. Die Chilischote in sehr feine Ringe schneiden.

Die pürierten Sojabohnen in einer Schüssel mit Fleischwürfeln, Kimchi, Bohnensprossen, Frühlingszwiebel, 2 TL Salz und dem Wasser (**E**) vermischen. Falls der Teig zu dickflüssig ist, etwas mehr Wasser dazugeben.

Etwas Pflanzenöl in einer großen Pfanne erhitzen. Mit einer Schöpfkelle Teigkleckse hineinsetzen und zu runden, 1 cm dicken Küchlein formen. In die Mitte jedes Küchleins einen Chiliring legen. Die Küchlein 10 Minuten braten, bis die Unterseite fest ist, wenden (**F**) und die andere Seite bei starker Hitze 3–4 Minuten backen.

Die Küchlein warm mit Jeon-Sauce (siehe S. 36) oder eingelegten Zwiebeln (siehe S. 118) und etwas von der Sojamarinade genießen.

TEIG

A

B

C

D

E

F

느린마을
ENJOY SLOWLY
HUMAN SCALE BREW
늘봄 막걸리
750 ml
참이슬
fresh
참이슬 후레쉬
Cass
FRESH
LAGER BEER
KOREA'S NO.1 BEER

Koreanischer Frittierteig

TUIGIM BANJUK

튀김반죽

ERGIBT 650 G TEIG
Vorbereitung 10 Minuten

ZUTATEN

Teig
300 g Mehl
1 Ei
100 ml Bier
1 TL Salz
200 ml Wasser

Tuigim-Sauce
2 EL Sojasauce
1 EL Apfelessig
1 Prise Pfeffer

Mehl, Ei, Bier und Salz in eine Schüssel geben. Das Wasser nach und nach unter Rühren angießen, bis ein glatter, klümpchenfreier Teig entsteht.

Für die Sauce alle Zutaten miteinander verrühren.

cass

Frittierte Süßkartoffeln

GOGUMA-TUIGIM

고 구 마 튀 김

FÜR 2 PERSONEN

Vorbereitung 10 Minuten
Garzeit 6 Minuten
Wartezeit 10 Minuten

ZUTATEN

1 Rezeptmenge Frittierteig (siehe S. 50)
1 große Süßkartoffel
50 g Mehl
½ TL Salz
1 l geschmacksneutrales Pflanzenöl

Nach dem Rezept auf S. 50 den Frittierteig anrühren.

Die Süßkartoffel gründlich waschen. Beim Schälen einige schmale Streifen Schale stehen lassen. Die Süßkartoffel in 1 cm dicke Scheiben schneiden. Mehl und Salz mischen und die Süßkartoffelscheiben darin wenden. Darauf achten, dass alle Stücke gut mit Mehl bedeckt sind.

Das Öl in einem Topf oder in der Fritteuse auf 170 °C erhitzen. Um die Temperatur zu prüfen, einen Tropfen Teig in das Öl fallen lassen: Steigt er sofort an die Oberfläche, ist die Temperatur richtig. Die Süßkartoffelscheiben in den Frittierteig tauchen und dann nacheinander in das heiße Öl geben. Etwa 4 Minuten frittieren, bis sie goldbraun sind. Portionsweise arbeiten, damit der Topf nicht zu voll wird.

Die Süßkartoffel aus dem Öl nehmen und auf einem Gitter mindestens 5 Minuten abtropfen lassen. Anschließend nochmals 2 Minuten frittieren und erneut 5 Minuten abtropfen lassen.

Sofort mit Tuigim-Sauce (siehe S. 50) zum Dippen servieren oder als Beilage zu Tteokbokki (siehe S. 28) reichen.

TIPP —— *Sie können die frittierten Süßkartoffeln einfrieren und im Backofen bei 200 °C etwa 10–15 Minuten aufwärmen.*

Algenröllchen mit Glasnudeln

GIMMARI

김 말 이

Ich serviere diese Röllchen gerne zu gebratenen Tteokbokki mit Chilipaste (siehe S. 28). Mit der Sauce nicht zu sparsam umgehen, damit die Aromen wirklich explodieren.

ERGIBT 16 RÖLLCHEN
Vorbereitung 30 Minuten
Wartezeit 2 Stunden
Garzeit 6 Minuten

ZUTATEN
100 g Süßkartoffel-Glasnudeln (Dangmyeon)
1 Rezeptmenge Frittierteig (siehe S. 50)
⅓ Karotte
1 dünne Frühlingszwiebel
1 l geschmacksneutrales Pflanzenöl
2 EL Sojasauce
½ EL Zucker
½ EL Sesamöl
½ TL Pfeffer
1½ TL Salz
4 Nori-Blätter
50 g Mehl

Die Glasnudeln 2 Stunden in kaltem Wasser einweichen. Nach dem Rezept auf S. 50 den Frittierteig anrühren.

Die Karotte schälen, die Frühlingszwiebel putzen, dann beides hacken und einige Minuten in etwas Öl anbraten. Die Glasnudeln 3 Minuten in kochendem Wasser garen. In ein Sieb gießen, mit kaltem Wasser abschrecken und gut abtropfen lassen. In eine Schüssel geben und mit einer Schere zweimal kreuzweise durchschneiden. Mit dem angebratenen Gemüse, Sojasauce, Zucker, Sesamöl, Pfeffer und 1 TL Salz vermischen.

Jedes Nori-Blatt in vier Rechtecke schneiden (zuerst quer, dann längs). Ein Rechteck mit der rauen Seite nach oben auf die Arbeitsfläche legen. Etwas von der Nudelmischung knapp unterhalb der Mitte in Querrichtung auflegen. Die oberen 1,5 cm des Blatts mit kaltem Wasser anfeuchten, dann das Blatt fest aufrollen. Die übrigen Nori-Stücke ebenso füllen.

Das Mehl mit ½ TL Salz mischen. Das Öl in einem Topf oder in der Fritteuse auf 170 °C erhitzen. Um die Temperatur zu prüfen, einen Tropfen Teig in das Öl fallen lassen: Steigt er sofort an die Oberfläche, ist die Temperatur richtig. Die Algenröllchen in dem Mehl wenden, sodass sie mit einer dünnen, gleichmäßigen Schicht überzogen sind. Dann durch den Frittierteig ziehen. Die Röllchen mit einer Zange in das heiße Öl legen, zwei- bis dreimal hin und her bewegen und erst dann loslassen.

Die Röllchen etwa 4 Minuten frittieren, bis sie goldbraun sind. Aus dem Öl nehmen und zum Abtropfen für mindestens 5 Minuten auf ein Gitter legen. Dann die Röllchen nochmals 2 Minuten frittieren und erneut abtropfen lassen.

Heiß servieren und in die Tuigim-Sauce (siehe S. 50) dippen oder als Beilage zu Tteokbokki (siehe S. 28) reichen.

TIPP —— *Sie können die Algenröllchen einfrieren und im Backofen bei 200 °C etwa 8–12 Minuten aufwärmen.*

Koreanisches Backhähnchen

DAKGANGJEONG

닭강정

Nach einem langen Arbeitstag ist dieses Gericht eine perfekte Belohnung, die ich gern mit guten Freunden teile. Ein kühles Bier schmeckt gut dazu.

FÜR 4 PERSONEN
Vorbereitung 15 Minuten
Wartezeit 20 Minuten
Garzeit 20 Minuten

ZUTATEN
700 g Hähnchenbrustfilet
150 ml Milch
1 Rezeptmenge Frittierteig (siehe S. 50)
2 TL Salz
2 TL Knoblauchpulver
1 TL gelbes, mildes Currypulver
1 TL mildes Paprikapulver
1 l geschmacksneutrales Pflanzenöl
3 gehackte Mandeln (oder Erdnüsse)

Yangnyeom-Sauce
¼ Apfel
½ Zwiebel
3 Knoblauchzehen
100 ml Wasser
5 EL Ketchup
20 g Gochujang-Chilipaste
1 EL Gochugaru-Chilipulver
4 EL Sojasauce
2 EL Zucker
5 EL Maissirup
1 Prise Pfeffer

Das Fleisch in mundgerechte Stücke schneiden (**A**). In eine Schüssel geben und mit der Milch übergießen (**B**). Zugedeckt 20 Minuten ziehen lassen. Inzwischen nach dem Rezept auf S. 50 den Frittierteig anrühren.

Das Fleisch mit einem Sieb abtropfen lassen, dann mit Salz, Knoblauchpulver, Curry und Paprika in eine Schüssel geben. Vorsichtig durchkneten, bis alles gut vermischt ist. Mit dem Frittierteig verrühren.

Das Öl in einem Topf oder in der Fritteuse auf 170 °C erhitzen. Um die Temperatur zu prüfen, einen Tropfen Teig in das Öl fallen lassen: Steigt er sofort an die Oberfläche, ist die Temperatur richtig. Die Fleischstücke aus dem Teig nehmen und in das Öl tauchen (**C**). Etwa 5 Minuten frittieren, dann herausnehmen und 5 Minuten auf einem Gitter abtropfen lassen. Anschließend nochmals 3 Minuten frittieren und wieder 5 Minuten abtropfen lassen.

Für die Yangnyeom-Sauce Apfel, Zwiebel und Knoblauch schälen und im Mixer pürieren. Mit Wasser, Ketchup, Gochujang, Gochugaru, Sojasauce, Zucker, Maissirup und Pfeffer in eine Pfanne geben und erhitzen. Wenn die Sauce kurz vor dem Kochen aufwallt, die Hitze reduzieren. Die Sauce ein- bis zweimal ganz vorsichtig umrühren. Unter Rühren 7 Minuten köcheln lassen. Die frittierten Hähnchenstücke zugeben und die Temperatur auf mittlere Hitze erhöhen. Das Hähnchen vorsichtig mit der Sauce mischen (**D**) und 2 Minuten köcheln lassen. Mit den Mandeln (oder Erdnüssen) bestreuen (**E**) und servieren (**F**).

TIPP —— *Dazu schmecken eingelegte Rettichwürfel (siehe S. 122). Sie können das Backhähnchen mit einigen Scheiben eingelegter Zitrone (siehe S. 198) anrichten, die zuvor im Backofen getrocknet werden.*

A

B

C

D

E

F

GEMÜSE
채소

In Korea kommen normalerweise viele kleine Gerichte zusammen auf den Tisch: Salate, Suppen und Beilagen, von denen sich jeder bedienen kann. Die Vielfalt von Rezepten auf Gemüsebasis ist sehr groß und variantenreich.

Gebratener Rettich

MU-NAMUL

무 나 물

Das koreanische Wort* namul *bedeutet »Gemüsebeilage«. Dieses Gericht mochte mein Großvater ganz besonders gern, und deshalb durfte es zu Hause niemals fehlen.

FÜR 4 PERSONEN

Vorbereitung 10 Minuten
Garzeit 20 Minuten

ZUTATEN

450 g weißer Rettich
2 cm Lauch (weißer Teil)
2 Knoblauchzehen
3 EL Sesamöl
1 EL Mat-Ganjang-Sauce (siehe S. 146)
1 TL Salz
1 TL Zucker
1 EL Sesam

Den Rettich schälen und in 5 mm dünne Stifte schneiden. Den Lauch hacken, den Knoblauch schälen und durchpressen.

Etwas Sesamöl in einer Pfanne erhitzen. Lauch und Knoblauch bei starker Hitze anbraten, bis sie duften. Den Rettich zugeben. In die Mitte mit Essstäbchen eine Vertiefung drücken und die Sauce hineingießen. 15 Sekunden erhitzen, erst dann mit dem Rettich verrühren. Nach 4 Minuten Salz und Zucker unterrühren und auf mittlere Hitze herunterschalten. Den Rettich 15 Minuten garen. Falls er während dieser Zeit zu braun wird, ein wenig Wasser zugeben.

Wenn der Rettich glasig und weich ist, die Pfanne vom Herd nehmen. Falls nötig nachwürzen. Das Gemüse mit Sesam bestreuen und warm oder kalt genießen.

Gebratene Pilze

BEOSEOT-BOKKEUM

버섯볶음

Kräuterseitlinge sind eine typisch koreanische Pilzsorte, die man inzwischen nicht nur in asiatischen Lebensmittelgeschäften, sondern auch in gut sortierten Supermärkten findet.

FÜR 4 PERSONEN

Vorbereitung 5 Minuten
Garzeit 10 Minuten

ZUTATEN

5 Kräuterseitlinge
2 cm Lauch (weißer Teil)
2 EL geschmacksneutrales Pflanzenöl
½ EL Zucker
1 EL Sojasauce
1 EL Austernsauce
1 EL Honig
1 Prise Pfeffer
½ EL schwarzer Sesam

Die Pilze der Länge nach halbieren, dann längs in 5 mm dicke Streifen schneiden. Den Lauch hacken.

Etwas Öl in einer Pfanne erhitzen und den Lauch bei starker Hitze anbraten, bis er duftet. Die Pilze in die Pfanne geben und anbraten. Wenn der Pilzsaft auszutreten beginnt, die Pilze an den Pfannenrand schieben. Zucker, Sojasauce und Austernsauce in die Mitte der Pfanne geben, 15 Sekunden erhitzen, die Pilze untermischen und weitere 2 Minuten braten.

Den Herd ausschalten und die Pfanne auf der heißen Herdplatte stehen lassen. Die Pilze mit Honig und Pfeffer abschmecken und umrühren. Mit Sesam bestreut servieren. Warm oder kalt genießen.

Gebratene grüne Bohnen

GREEN BEAN BOKKEUM

그린빈볶음

Dieses Rezept habe ich nach meinem Umzug nach Frankreich entwickelt. Es verbindet koreanische und französische Aromen. Mein französischer Ehemann isst es leidenschaftlich gern.

FÜR 4 PERSONEN

Vorbereitung 15 Minuten
Garzeit 15 Minuten

ZUTATEN

500 g zarte grüne Bohnen
10 Knoblauchzehen
100 g geräucherter durchwachsener Speck
2 EL Sesam
3 EL Olivenöl
2 EL Mat-Ganjang-Sauce (siehe S. 146)
1 TL Salz

Die Bohnen putzen. Salzwasser in einem Topf zum Kochen bringen und die Bohnen hineingeben. Kurz aufkochen, dann 2 Minuten garen. Die Bohnen sofort abgießen und unter kaltem Wasser abschrecken.

Die Knoblauchzehen schälen, halbieren und falls nötig den Keim entfernen. Den Speck in 1 cm breite Streifen schneiden. Den Sesam im Mörser zerstoßen.

Das Olivenöl in einer Pfanne erhitzen. Den Knoblauch darin bei starker Hitze goldbraun braten. Den Speck in die Pfanne geben und mitbraten. Die Bohnen mit der Mat-Ganjang-Sauce hinzufügen und 5 Minuten mitgaren. Die zerdrückten Sesamkörner unterrühren und alles mit dem Salz würzen. Weitere 2 Minuten braten. Heiß oder kalt genießen.

Gebratene Zucchini

HOBAK-NAMUL

호 박 나 물

Wenn ich* namul zubereite, *also Gemüsebeilagen, mache ich immer gleich mehrere Sorten. Am ersten Tag serviere ich sie mit einer Schüssel Reis, und was übrig bleibt, verwende ich am nächsten Tag als Garnierung für ein Bibimbap.

FÜR 4 PERSONEN
Vorbereitung 10 Minuten
Garzeit 10 Minuten

ZUTATEN
2 Zucchini
½ Zwiebel
½ Karotte
2 Knoblauchzehen
2 EL geschmacksneutrales Pflanzenöl
2 TL Fischsauce
1 TL Sesamöl
½ TL Sesam

Die Zucchini der Länge nach halbieren, dann in 5 mm dicke Scheiben schneiden. Die Zwiebel schälen und in feine Streifen schneiden, die Karotte schälen und in dünne Stifte schneiden. Den Knoblauch schälen und durchpressen.

Das Pflanzenöl in einer Pfanne erhitzen und den Knoblauch bei starker Hitze anbraten, bis er duftet. Zwiebel und Karotte zugeben und mitgaren, bis die Zwiebel glasig wird. Zucchini und Fischsauce zugeben und 3–5 Minuten braten. Die Zucchini sollten leicht knackig bleiben. Falls nötig mit Salz nachwürzen.

Die Pfanne vom Herd nehmen, Sesamöl und Sesam hineingeben und vorsichtig unterrühren. Die Zucchini heiß oder kalt genießen.

Spinat mit Sesam

SIGEUMCHI-NAMUL

시금치나물

FÜR 4 PERSONEN
Vorbereitung 10 Minuten
Garzeit 5 Minuten

ZUTATEN
600 g frischer Spinat
2 Knoblauchzehen
1 cm Lauch (weißer Teil)
½ EL Mat-Ganjang-Sauce (siehe S. 146)
3 EL Sesamöl
½ EL Sesam

Die Spinatblätter putzen. Dicke, harte Stiele abschneiden und große Blätter quer halbieren. Die Knoblauchzehen schälen und durchpressen, den Lauch fein hacken.

In einem Topf Salzwasser zum Kochen bringen und den Spinat hineingeben. Sobald die Blätter zusammenfallen, den Spinat in ein Sieb abgießen und unter kaltem Wasser abschrecken, um den Garvorgang zu stoppen. Die abgekühlten Blätter mit den Händen kräftig ausdrücken, dann in eine Schüssel geben.

Den Spinat mit Knoblauch, gehacktem Lauch, Mat-Ganjang-Sauce und Sesamöl würzen. Die Sesamkörner zwischen den Händen kräftig reiben, um sie teilweise zu zerdrücken, und zum Spinat geben. Alles gründlich mischen, dabei die Spinatblätter voneinander trennen. Falls nötig mit Salz nachwürzen.

Bohnensprossen mit Sesam

SUKJU-NAMUL

숙주나물

FÜR 4 PERSONEN
Vorbereitung 10 Minuten
Garzeit 5 Minuten

ZUTATEN
500 g Bohnensprossen
2 Knoblauchzehen
½ Karotte
1 cm Lauch (weißer Teil)
3 EL Sesamöl
Salz
½ EL Sesam

Die Bohnensprossen waschen, dabei möglichst nicht zerbrechen. Den Knoblauch schälen und durchpressen, die Karotte schälen und in Stifte schneiden und den Lauch hacken.

In einem Topf Salzwasser zum Kochen bringen und die Bohnensprossen hineingeben. 4 Minuten ohne Deckel kochen lassen. Die Bohnensprossen in ein Sieb abgießen und unter kaltem Wasser abschrecken, um den Garvorgang zu stoppen. Etwas abkühlen lassen, dann die Sprossen mit den Händen vorsichtig ausdrücken, um überschüssige Flüssigkeit zu entfernen. In eine Schüssel geben.

Knoblauch, Karotte und Lauch zu den Bohnensprossen geben. Das Ganze mit Sesamöl und Salz würzen. Die Sesamkörner zwischen den Händen kräftig reiben, um sie teilweise zu zerdrücken, und zum Gemüse geben. Alles gründlich verrühren.

Rettichsalat mit Chili

MU-SAENGCHAE

무 생 채

Ich mag das feine Gleichgewicht zwischen den süßen, sauren und scharfen Aromen in diesem Salat. Oft kombiniere ich ihn mit Reis, einem Spiegelei, einem Schuss Sesamöl und einem Hauch Gochujang, der koreanischen Chilipaste, und mische alles wie ein kleines Bibimbap.

FÜR 4 PERSONEN
Vorbereitung 15 Minuten
Wartezeit 40 Minuten

ZUTATEN
450 g weißer asiatischer Rettich
½ EL Salz
3 EL Zucker
1 dünne Frühlingszwiebel
3 Knoblauchzehen
15 g Gochugaru-Chilipulver
4 EL Apfelessig
1 EL Fischsauce
1 TL Sesam
½ TL gemahlener Ingwer

Den Rettich schälen und in feine Stifte schneiden, dann in einer Schüssel mit Salz und Zucker mischen und 10 Minuten ziehen lassen. Anschließend zum Abtropfen in ein Sieb geben. Die Frühlingszwiebel in 5 mm dünne Ringe schneiden. Den Knoblauch schälen und durchpressen.

Den abgetropften Rettich mit der Frühlingszwiebel und dem Knoblauch in eine Schüssel geben. Gochugaru, Essig, Fischsauce, Sesam und Ingwer zugeben. Gut umrühren. Den Salat mindestens 30 Minuten stehen lassen, damit der Rettich die Aromen aufnimmt.

Kalt servieren und nach Bedarf mit etwas Salz abschmecken.

Bibimbap

BIBIMBAP

비 빔 밥

Bibimbap ***bedeutet wörtlich übersetzt »gemischter Reis«. In koreanischen Familien ist das Gericht vor allem beliebt, um die Reste von Gemüsebeilagen zu verwerten.***

ERGIBT 1 SCHALE

Vorbereitung 10 Minuten
Garzeit 3 Minuten

ZUTATEN

1 EL geschmacksneutrales Pflanzenöl
1 Ei
1 Schale gekochter weißer Reis (siehe S. 10), heiß
1 Handvoll gebratener Rettich (siehe S. 60)
1 Handvoll Spinat mit Sesam (siehe S. 68)
1 Handvoll Bohnensprossen mit Sesam (siehe S. 68)
1 Handvoll gebratene Pilze (siehe S. 62)
1 Handvoll gebratene Zucchini (siehe S. 66)
1 Handvoll Rettichsalat mit Chili (siehe S. 70)
Pinienkerne oder Sesam

Sauce

20 g Gochujang-Chilipaste
1 EL Sesamöl

Das Öl in einer kleinen Pfanne (Ø 9 cm) erhitzen. Das Ei in die Pfanne schlagen und das Eigelb mit einem Löffel vorsichtig in die Mitte schieben. Dort halten, bis das Eiweiß zu stocken beginnt. Das Ei bei schwacher Hitze fertig garen, bis das Eiweiß fest ist.

Den Reis in eine Servierschale geben. Das Spiegelei genau in die Mitte der Reiskuppel legen. Sämtliches Gemüse und den Rettichsalt rundherum anordnen. Dabei darauf achten, keine gleichen Farben nebeneinander zu platzieren. Mit Pinienkernen oder Sesam bestreuen.

Die Zutaten für die Sauce direkt in die Servierschale geben. Für eine weniger scharfe Version Gochujang durch Sojasauce ersetzen.

Um das Bibimbap zu genießen, alle Zutaten mit einem Löffel vermischen, und dabei das Eigelb anstechen. Zutaten und Sauce sollten gleichmäßig vermengt werden.

TIPP —— *Für eine Version mit Fleisch können Sie beispielsweise Reste von Rindfleisch-Bulgogi (siehe S. 150) oder Schweinefleisch-Bulgogi (siehe S. 134) hinzufügen.*

Würzpasten

FERMENTIERTE SOJAPASTE UND CHILIPASTE

URALTE VERFAHREN

Die Tradition des Fermentierens von Sojabohnen reicht weit in die Vergangenheit zurück. Die ersten schriftlichen Aufzeichnungen sind über 1800 Jahre alt, aber es wird angenommen, dass die Technik noch viel älter sein könnte. Diese uralte Tradition hat zwei Schätze der koreanischen Küche hervorgebracht: die Bohnenpaste **Doenjang** und die Chilipaste **Gochujang.** Es war üblich, einen Schamanen zurate zu ziehen, um das genaue Datum zu bestimmen, an dem man zwischen Herbst und Winteranfang mit der Zubereitung beginnen sollte. Durch Rituale sollte verhindert werden, dass böse Geister in die Zubereitung eindringen und sie verderben.

TRADITIONELLE ZUBEREITUNG

Sojabohnen werden zunächst getrocknet, dann gekocht und schließlich zerstampft. Der Teig wird zu Blöcken geformt, die *meju* genannt werden. Diese werden getrocknet und in Reisstroh eingeschlagen. Letzteres sorgt für die guten Bakterien, die einen langsamen Gärungsprozess in Gang setzen, der für die Haltbarkeit unerlässlich ist. Dieser Prozess kann bis zu drei Monate dauern. Danach beginnt die zweite Gärung. Dafür werden die Blöcke in Tongefäße gelegt und mit Salzlake übergossen. Hier entwickeln sich die charakteristischen Aromen und die Würze. Am Ende entstehen **Doenjang,** die fermentierte Sojabohnenpaste, und eine besonders milde, helle Sojasauce, die **Joseon Ganjang** heißt. Der Rest der Lake wird mit Chili, Reismehl und weiteren Zutaten zu **Gochujang,** der koreanischen fermentierten Chilipaste.

GEBRAUCHSFERTIGE PASTEN

Weil die Zubereitung kompliziert und langwierig ist, werden diese Pasten nur noch sehr selten zu Hause zubereitet. Es gibt Betriebe, die sie nach traditionellen Methoden herstellen. Solche Pasten sind in asiatischen Lebensmittelgeschäften oder im Online-Handel erhältlich. Weil es sich um fermentierte Produkte handelt, sind sie auch nach dem Öffnen mehrere Monate im Kühlschrank haltbar.

Süß-salzige Lotuswurzel

YEONGEUN-JORIM

연근조림

Ich mag den knackigen Biss, den die Lotuswurzeln auch nach dem Garen behalten. In Kombination mit der süß-salzigen Sauce schmecken sie einzigartig.

FÜR 4 PERSONEN
Vorbereitung 10 Minuten
Wartezeit 20 Minuten
Garzeit 50 Minuten

ZUTATEN
500 ml Wasser
1 Stück Kombu (10×10 cm)
500 g Lotuswurzel
1 EL Branntweinessig
4 EL Zucker
2 EL geschmacksneutrales Pflanzenöl
7 EL Sojasauce
2 EL Weißwein
1 EL Honig
½ EL Sesam

500 ml Wasser in einen Topf geben und den Kombu hinzufügen. Zum Kochen bringen, dann 20 Minuten bei mittlerer Hitze köcheln lassen. Den Kombu herausfischen und wegwerfen, die entstandene Brühe beiseitestellen.

Die Lotuswurzel schälen und in 1 cm dicke Scheiben schneiden. In einen Topf geben und mit kaltem Wasser bedecken. Den Essig zugeben. Bei starker Hitze zum Kochen bringen und 10 Minuten kochen lassen. Die Lotuswurzel in ein Sieb abgießen und unter kaltem Wasser abspülen. Das Kochwasser wegschütten.

Die Lotuswurzel in einer Schüssel mit dem Zucker vermischen. Bei Zimmertemperatur stehen lassen, bis der Zucker sich aufgelöst hat.

Das Öl in einer Pfanne erhitzen. Die Lotuswurzel mit ihrem süßen Saft hineingeben. Sojasauce, Weißwein und die zuvor zubereitete Algenbrühe hinzufügen. Bei mittlerer Hitze 20–30 Minuten köcheln lassen, bis die Flüssigkeit verdampft ist. Den Herd ausschalten und die Lotuswurzel mit Honig und Sesam vermischen.

Diese Beilage kann lauwarm oder kalt serviert werden und ist im Kühlschrank 5 Tage haltbar.

TIPP —— *Anstelle der Kombu-Brühe können Sie 400 ml Wasser verwenden. Die 7 EL Sojasauce können durch 8 EL Mat-Ganjang-Sauce (siehe S. 146) ersetzt werden.*

Tofusalat

DUBU-SALAD

두부샐러드

Ein leichter Salat, der hervorragend zu einem koreanischen Aperitif passt: ein typisches anju *– ein Gericht, das man gemeinsam mit Freunden zu einem Getränk genießt.*

FÜR 2 PERSONEN
Vorbereitung 10 Minuten
Garzeit 15 Minuten

ZUTATEN
300 g fester Tofu
3 EL geschmacksneutrales Pflanzenöl
Salz
½ gelbe Paprika
20 Kirschtomaten
300 g Feldsalat
¼ Kopf roter Eichblattsalat
schwarzer Sesam

Sauce
½ Schalotte
½ Zitrone
4 EL Mat-Ganjang-Sauce (siehe S. 146)
2 EL Olivenöl
½ TL Pfeffer

Den Tofublock in Würfel mit einer Kantenlänge von 1,5 cm schneiden. Das Öl in einer Pfanne erhitzen. Die Tofuwürfel darin bei mittlerer Hitze rundherum goldbraun braten. Zum Wenden der Würfel einen Pfannenwender und einen Löffel verwenden, damit sie nicht zerbrechen. Während des Garens die Würfel von jeder Seite mit Salz würzen. Den Tofu aus der Pfanne nehmen und auf Küchenpapier abkühlen lassen.

Die Paprika in dünne Streifen schneiden. Die Kirschtomaten halbieren.

Für die Sauce die Schalotte schälen und hacken. Die Zitrone auspressen und den Saft mit den restlichen Zutaten verrühren.

Die Salatblätter in eine Servierschüssel geben. Tofu, Paprika und Kirschtomaten darauf anrichten. Mit Sesam bestreuen und vor dem Servieren mit der Sauce beträufeln.

Surimisalat

KEURAEMI-SALAD

크 래 미 샐 러 드

FÜR 4 PERSONEN
Vorbereitung 10 Minuten
Wartezeit 10 Minuten

ZUTATEN
¼ Kopf grüner Salat
¼ Zwiebel
⅓ Salatgurke
1 EL Sesam
12 Surimi-Sticks

Sauce
2 TL Apfelessig oder Cidre
2 EL Zucker
1 EL Sojasauce
1 TL Senf
½ TL Pfeffer

Die Salatblätter in Stücke zupfen. Die Zwiebel schälen, in dünne Streifen schneiden und in eine Schüssel mit Wasser und einigen Tropfen Essig legen. 10 Minuten ziehen lassen, dann abtropfen lassen. Die Gurke in feine Stifte schneiden. Den Sesam gut zerdrücken. Die Surimi-Sticks in Stücke zupfen.

Alle Zutaten für die Sauce verrühren.

Kurz vor dem Servieren die Zwiebel abtropfen lassen und mit den übrigen Zutaten in eine Schüssel geben. Den Salat mit der Sauce übergießen und gut durchmischen.

Gebratene Kartoffeln mit Sesam

GAMJACHAE-BOKKEUM

감 자 채 볶 음

Diese kleine Beilage mag ich besonders gern. Sie passt sehr gut zu vielen koreanischen Gerichten, schmeckt aber auch nur mit einer Schüssel weißem Reis und gerösteten Algen.

FÜR 4 PERSONEN
Vorbereitung 15 Minuten
Garzeit 20 Minuten

ZUTATEN
6 mittelgroße Kartoffeln
½ Karotte
½ Zwiebel
geschmacksneutrales Pflanzenöl
1 TL Salz
Pfeffer
1 Handvoll Sesam

Die Kartoffeln schälen und in möglichst dünne Stifte schneiden. Die Karotte schälen und ebenfalls in dünne Stifte schneiden. Die Zwiebel schälen und in feine Streifen schneiden.

In einer großen Pfanne ausreichend Öl erhitzen. Die Kartoffeln hineingeben und mit dem Salz würzen. 5 Minuten braten, dabei rühren, bis die Kartoffeln gut von Öl umhüllt sind. Karotte und Zwiebel zugeben und 10–15 Minuten mitbraten, dabei darauf achten, dass nichts ansetzt. Regelmäßig etwas Wasser zugeben.

Wenn das Gemüse gar, aber noch leicht bissfest ist, den Herd ausschalten. Das Ganze mit Pfeffer würzen und bei Bedarf nachsalzen. Den Sesam zwischen den Händen reiben, um die Körner etwas zu zerdrücken, dann in die Pfanne streuen.

Die Kartoffeln warm oder kalt als Beilage servieren.

Kalte Algensuppe

MIYEOK-NAENGGUK

미역 냉국

Eine kalte Suppe ist an heißen Tagen ausgesprochen erfrischend – in Korea und anderswo.

FÜR 4 PERSONEN

Vorbereitung 15 Minuten
Wartezeit 20 Minuten

ZUTATEN

10 g Wakame-Algen
100 g weißer asiatischer Rettich (z. B. Daikon)
½ EL Salz
5 EL Zucker
¼ Zwiebel
100 ml Apfelessig oder weißer Essig
½ Karotte
1 TL Fischsauce
2 EL Mat-Ganjang-Sauce (siehe S. 146)
600 ml Mineralwasser
Salz
1 Prise Sesam
Eiswürfel zum Servieren

Die Algen in eine Schüssel geben, mit reichlich Wasser übergießen und 20 Minuten quellen lassen. Die Algen abgießen, dann mit 1 l kochendem Wasser überbrühen. Anschließend unter fließendem Wasser abkühlen und erneut abgießen. Die Algen mit den Händen ausdrücken, um überschüssiges Wasser zu entfernen, dann mit einer Schere grob schneiden.

Den Rettich schälen und in feine Stifte schneiden. Mit dem Salz und 1 EL Zucker vermischen und für 15 Minuten zur Seite stellen. Dann abtropfen lassen und mit der Hand leicht ausdrücken. Die Zwiebel schälen, in feine Streifen schneiden und 10 Minuten in kaltem Wasser mit ein paar Tropfen Essig ziehen lassen, dann abtropfen lassen. Die Karotte schälen und in dünne Stifte schneiden.

Die Algen in einer Schüssel mit dem Essig und 4 EL Zucker vermischen. Zwiebel, Karotte, Rettich, Fischsauce, Mat-Ganjang-Sauce und Mineralwasser dazugeben. Noch einmal umrühren. Mit Salz abschmecken.

Den Salat vor dem Servieren mit Sesam bestreuen und einige Eiswürfel in die Servierschüssel geben.

TIPP —— *Im Sommer kann es in Korea lange Hitzeperioden geben. Da eine koreanische Mahlzeit fast immer auch eine Suppe enthält, sind solche kalten Zubereitungen willkommen, um die Hitze besser zu ertragen. Servieren Sie diese Suppe mit Reisbrei (siehe S. 22) oder Bibimbap (siehe S. 72).*

Gefüllte Paprika

PAPRIKA GYERAN-JJIM

파 프 리 카 계 란 찜

Dieses sehr einfache Rezept ist eine Neuinterpretation eines traditionellen Gerichts, zu der mich ein berühmter koreanischer Schauspieler inspiriert hat. Ich schätze beide sehr …

ERGIBT 3 PAPRIKA

Vorbereitung 10 Minuten
Garzeit 30 Minuten

ZUTATEN

3 mittelgroße Paprika
⅓ Karotte
5 Stängel Schnittlauch
6 Eier
Salz
Pfeffer
1 TL Knoblauchpulver
1 Handvoll geriebener Käse (nach Belieben)

Den Backofen auf 180 °C (Umluft) oder 200 °C (Ober-/Unterhitze) vorheizen.

Von den Paprika die Deckel abschneiden, dann die Schoten aushöhlen, ohne sie dabei zu durchstechen.

Die Karotte schälen und hacken, den Schnittlauch in Röllchen schneiden. Mit den Eiern verquirlen und das Ganze großzügig mit Salz und Pfeffer sowie dem Knoblauchpulver würzen.

Die Paprika bis 5 mm unter dem Rand mit der Eiermischung füllen. Wer mag, bestreut die Füllung mit geriebenem Käse.

Die gefüllten Paprika und die abgeschnittenen Deckel auf einem Backblech verteilen und im vorgeheizten Backofen 30 Minuten garen. Ein kleines Schälchen mit Wasser neben die Paprika stellen, damit sie während der Garzeit nicht austrocknen.

KIMCHI & CO.

김치와 장아찌

Kimchi ist viel mehr als nur ein Nahrungsmittel. Selbst fermentiertes Gemüse gehört zu unserer Lebensweise und die Tradition wird in vielen koreanischen Familien hochgehalten. Hier erfahren Sie, wie es geht und was man mit den Produkten in der Alltagsküche anfangen kann.

Kimchi aus Chinakohl

BAECHU-KIMCHI

배추김치

ERGIBT ETWA 3 KG
Vorbereitung 1 Stunde und 15 Minuten
Wartezeit 4–6 Stunden + 24 Stunden
Garzeit 10 Minuten

ZUTATEN
2 Köpfe Chinakohl (à etwa 1,8 kg)
350 g grobes graues Meersalz
2 l Wasser

Marinade
300 ml Wasser
15 g Reismehl
100 g Gochugaru-Chilipulver
10 g Ingwer
1 kleine Zwiebel
1 Birne
70 g Fischsauce
50 g Zucker
80 g Knoblauch
1 Bund Frühlingszwiebeln
400 g weißer Rettich
Fleur de sel

Von den Kohlköpfen den Wurzelansatz vorsichtig abschneiden, sodass die Blätter noch zusammenhalten. Die Kohlköpfe in Viertel schneiden. Dazu ein langes, sehr scharfes Messer verwenden und den Kohl von der Basis ausgehend bis auf zwei Drittel der Höhe einschneiden. Dann die beiden Hälften mit der Hand auseinanderziehen (**A**) und dabei die Spitzen der Blätter auseinanderreißen. Die entstandenen Hälften ebenso teilen, sodass Viertel entstehen. Für die Lake 200 g grobes Salz unter kräftigem Rühren in dem Wasser auflösen. Jedes Kohlviertel in die Lake tauchen und großzügig damit begießen. Dann zwischen den Blättern jedes Kohlviertels am unteren Ende das restliche grobe Salz verteilen.

Die Kohlviertel mit der Innenseite nach oben in eine Schüssel legen. 3–5 Stunden stehen lassen und gelegentlich die Elastizität der Blätter prüfen. Wenn sich der harte Stängel biegen lässt, ohne zu brechen, hat die Lake ihre Wirkung getan. Den Kohl dreimal in frischem Wasser abspülen und dann mindestens 1 Stunde abtropfen lassen.

Für die Marinade (**B**) 300 ml Wasser und das Reismehl in einen Topf geben. Vermischen und unter regelmäßigem Rühren zum Kochen bringen, dann die Hitze reduzieren und die Mischung weitere 10 Minuten unter ständigem Rühren köcheln lassen. Abkühlen lassen, dann das Gochugaru-Chilipulver (**C**) unterrühren.

Ingwer, Zwiebel und ½ Birne schälen und im Mixer pürieren, dann unter die Reismehlmischung rühren. Die Fischsauce (**D**) und den Zucker dazugeben. Den Knoblauch schälen und durchpressen, die Frühlingszwiebeln zuerst quer vierteln, dann längs halbieren. Den Rettich und die restliche halbe Birne schälen und in feine Stifte schneiden. Alles dazugeben und gründlich vermischen. Nach Bedarf mit Fleur de sel nachwürzen.

Die Kohlviertel nacheinander in die Schüssel mit der Marinade legen (**E**) und die Blätter von Hand mit der Marinade bestreichen. Die Kohlviertel mit den äußeren Blättern nach unten in einen luftdicht schließenden Behälter (**F**) legen, der nur zu 70 % gefüllt werden darf. Lose Blätter ebenfalls mit Marinade bestreichen und die Kohlviertel damit abdecken. Das Ganze mit Frischhaltefolie abdecken, dann den Deckel schließen. Den Kimchi 24 Stunden an einem dunklen Platz bei Zimmertemperatur stehen lassen, danach in den Kühlschrank stellen. Dort hält er sich etwa 6 Monate.

TIPP —— *Kimchi kann in den ersten 10 Tagen nach der Zubereitung »frisch« verzehrt werden. Die Gärung beginnt nach etwa 3 Wochen. Wenn Sie Ihren Kimchi sowohl frisch als auch fermentiert genießen wollen, füllen Sie einen Teil in einen separaten Behälter.*

A

B

C

D

E

F

Kimchi aus Gurke

OI-SOBAGI

오 이 소 박 이

Diesen Kimchi bereite ich gewöhnlich zu, um den Beginn des Frühlings zu feiern. Das Rezept würdigt die Jahreszeit, in der uns die Natur wieder mit ihren Farben und Düften erfreut.

ERGIBT ETWA 1,5 KG
Vorbereitung 50 Minuten
Wartezeit 5–8 Stunden + 24 Stunden

ZUTATEN
15 Snackgurken (1,5 kg)
100 g grobes graues Meersalz, plus mehr zum Abreiben
1 l Wasser

Marinade
60 g Reismehlwasser, aufgekocht und abgekühlt (siehe S. 90)
80 g Schnittlauch
2 Frühlingszwiebeln
50 g Knoblauch
50 g Gochugaru-Chilipulver
50 g Fischsauce
Fleur de sel

Die Gurken vorbereiten: An jedem Ende 5 mm abschneiden, dann die Gurken unter kaltem Wasser waschen und mit grobem Salz abreiben, um sie zu säubern. Die Gurken in eine große Schüssel legen. 100 g grobes Salz mit 1 l Wasser verrühren, bis das Salz aufgelöst ist. Die Gurken mit dem Salzwasser übergießen. 5–8 Stunden stehen lassen, dabei alle 1½ Stunden die oberen gegen die unteren Gurken austauschen. Wenn die Gurken sich biegen lassen, ohne zu brechen, werden sie zweimal in klarem Wasser gewaschen und dann abgetrocknet.

Für die Marinade das abgekühlte Reismehlwasser in eine Schüssel geben. Den Schnittlauch in 1 cm große Stücke schneiden. Die Frühlingszwiebeln längs halbieren, dann in 1 cm große Stücke schneiden. Den Knoblauch schälen und durchpressen. Alles in die Schüssel mit dem Reismehlwasser geben. Gochugaru und Fischsauce unterrühren. Nach Bedarf mit Fleur de sel abschmecken.

Die Gurken zunächst quer halbieren. Dann jedes Stück kreuzweise vierteln, dabei aber nicht ganz durchschneiden, sondern 1 cm vor dem Ende aufhören. Die Gurkenhälften sollen an der Basis noch zusammenhalten. Jedes Gurkenstück öffnen und etwas von der Marinade hineindrücken. Auch die Außenseite mit Marinade einreiben.

Die Gurken in einen Behälter schichten, der nur zu 70 % gefüllt werden darf. Mit Frischhaltefolie abdecken, dann den Behälter verschließen. Die Gurken bei Zimmertemperatur an einem dunklen Platz 24 Stunden stehen lassen, dann im Kühlschrank aufbewahren. Der Kimchi braucht keine lange Ruhezeit, er kann bereits am nächsten Tag verwendet werden, dann beginnt die Fermentierung. Die Gurken bleiben etwa 2 Monate knackig.

Kimchi aus Rettich

KKAKDUGI

깍 두 기

Kimchi aus Rettich bereite ich gerne zu, wenn die ersten kalten Wintertage kommen. Er schmeckt großartig zu wärmenden Suppen.

ERGIBT ETWA 1,6 KG
Vorbereitung 40 Minuten
Wartezeit 4 Stunden und 30 Minuten + 24 Stunden

ZUTATEN
1,5 kg weißer asiatischer Rettich (z. B. Daikon, alternativ schwarzer Rettich oder Speiserüben)
40 g grobes Salz
50 g Zucker
250 ml Mineralwasser mit Kohlensäure

Marinade
110 g Mehlwasser (siehe S. 90), aufgekocht und abgekühlt
60 g Gochugaru-Chilipulver
½ Birne
½ Zwiebel
50 ml Fischsauce
60 g Knoblauch
1 TL gemahlener Ingwer
5 cm Lauch (weißer Teil)
½ EL Fleur de sel
2 EL Zucker

Den Rettich schälen, in 1,2 cm dicke Scheiben schneiden und jede Scheibe vierteln. In eine Schüssel geben. Grobes Salz, Zucker und Mineralwasser hinzufügen. Mit der Hand kneten, damit Zucker und Salz tief eindringen. Für etwa 4 Stunden bei Zimmertemperatur zur Seite stellen. Wenn die Rettichstücke elastisch werden, aus der Lake nehmen. Einmal mit Wasser abspülen und mindestens 30 Minuten abtropfen lassen.

Für die Marinade das abgekühlte Mehlwasser (gleiche Zubereitung wie für das Reismehlwasser auf S. 90) mit dem Gochugaru verrühren. Birne und Zwiebel schälen und mit der Fischsauce pürieren, dann ebenfalls unterrühren. Den Knoblauch schälen und durchpressen und zusammen mit dem Ingwerpulver unterrühren. Den Lauch in feine Ringe schneiden und ebenfalls unterrühren. Die Marinade zum Schluss mit Fleur de sel und Zucker abschmecken.

Die Rettichstücke mit der Marinade mischen. In einen luftdicht schließenden Behälter geben, der nur zu höchstens 70 % gefüllt werden darf. Mit Frischhaltefolie abdecken und möglichst viel Luft herausdrücken. Den Deckel auflegen. Den Kimchi 24 Stunden bei Zimmertemperatur an einem dunklen Ort stehen lassen, dann im Kühlschrank aufbewahren. Gut fermentiert schmeckt er am besten, also nach etwa 3 Wochen. Er hält sich im Kühlschrank bis zu 6 Monate.

Kimchi aus Frühlingszwiebeln

PA-KIMCHI

파 김 치

Wenn ich großes Heimweh nach Korea habe, bereite ich diesen Kimchi zu, um mir den Geschmack meiner Heimat nach Hause zu holen. Die Zubereitung ist kinderleicht.

ERGIBT ETWA 500 G

Vorbereitung 45 Minuten
Wartezeit 30 Minuten + 24 Stunden

ZUTATEN

400 g dünne Frühlingszwiebeln
50 ml Fischsauce

Marinade

30 g Reismehlwasser (siehe S. 90), aufgekocht und abgekühlt
40 g Gochugaru-Chilipulver
¼ Birne
¼ Zwiebel
25 g Knoblauch
1 EL Zitronensirup (siehe S. 198)
½ TL gemahlener Ingwer
1 EL Zucker

Die Frühlingszwiebeln gut waschen und die Wurzeln entfernen. Das ganze Bund mit den weißen Teilen nach unten in eine große Salatschüssel legen. Die Fischsauce direkt über den weißen Teil der Frühlingszwiebeln gießen, bis alle gut benetzt sind. Die Fischsauce mit der Hand von unten nach oben auf den Frühlingszwiebeln verteilen. Alle 10 Minuten die Sauce, die sich am Schüsselboden sammelt, auf die gleiche Weise auf den weißen Teilen der Frühlingszwiebeln verteilen. Mindestens dreimal wiederholen.

Das Reismehlwasser mit dem Chilipulver verrühren. Birne und Zwiebel schälen und im Mixer pürieren, den Knoblauch schälen und durchpressen. Mit dem Reismehlwasser verrühren. Die Mischung in die Schüssel mit den Frühlingszwiebeln geben. Zitronensirup, Ingwerpulver und Zucker unterrühren. Mit den Händen vermischen und dabei jede Frühlingszwiebel mit der Marinade bestreichen.

Die Frühlingszwiebeln in einen luftdicht schließenden Behälter legen, der nur zu maximal 70 % gefüllt werden darf. Mit Frischhaltefolie abdecken und möglichst viel Luft herausdrücken. Den Behälter verschließen. Die Frühlingszwiebeln 24 Stunden bei Zimmertemperatur an einem dunklen Ort stehen lassen, dann im Kühlschrank aufbewahren. Dort hält sich der Kimchi bis zu 1 Monat.

Weißer Kimchi

BAEK-KIMCHI

백 김 치

ERGIBT ETWA 3 KG
Vorbereitung 1 Stunde und 15 Minuten
Wartezeit 4–6 Stunden + 24 Stunden

ZUTATEN
2 kg Chinakohl
350 g grobes graues Meersalz
2 l Wasser

Marinade
½ Birne
½ Zwiebel
50 g Knoblauch
60 g Reismehlwasser (siehe S. 90), aufgekocht und abgekühlt
600 ml Mineralwasser
2 EL Fischsauce
3 EL Ingwersirup (siehe S. 202)
1 EL Fleur de sel

Garnierung
200 g weißer asiatischer Rettich (oder schwarzer Rettich oder Speiserüben)
½ Birne
½ Karotte
5 dünne Frühlingszwiebeln
2 getrocknete Jujuben
1 EL Fleur de sel
1 EL Zucker
½ rote Chili (nach Belieben)

Von den Kohlköpfen den Wurzelansatz vorsichtig abschneiden, sodass die Blätter noch zusammenhalten. Die Kohlköpfe in Viertel schneiden. Dazu ein langes, sehr scharfes Messer verwenden und den Kohl von der Basis ausgehend bis auf zwei Drittel der Höhe einschneiden. Die beiden Hälften mit der Hand auseinanderziehen und dabei die Spitzen der Blätter auseinanderreißen. Die entstandenen Hälften ebenso teilen, sodass Viertel entstehen. Für die Lake 100 g grobes Salz unter kräftigem Rühren in dem Wasser auflösen. Jedes Kohlviertel in die Lake tauchen und großzügig damit begießen. Dann zwischen den Blättern jedes Kohlviertels am unteren Ende jeweils 1 Handvoll grobes Salz verteilen.

Die Kohlviertel mit der Innenseite nach oben in eine Schüssel legen. 3–5 Stunden stehen lassen und gelegentlich die Elastizität der Blätter prüfen. Wenn sich der harte Stängel biegen lässt, ohne zu brechen, hat die Lake ihre Wirkung getan. Den Kohl dreimal in frischem Wasser abspülen und dann mindestens 1 Stunde abtropfen lassen.

Für die Marinade Birne, Zwiebel und Knoblauch schälen, im Mixer pürieren, dann in ein feines Sieb geben und den Saft auffangen. Das Reismehlwasser ebenfalls durch das Sieb gießen, dabei auch das Mineralwasser zugießen. Die Feststoffe mit einer Schöpfkelle ausdrücken, den letzten Rückstand im Sieb wegwerfen. Übrig gebliebenes Mineralwasser (falls vorhanden) zu der aufgefangenen Flüssigkeit geben. Mit Fischsauce, Ingwersirup und Fleur de sel würzen.

Für die Garnierung Rettich, Birne und Karotte schälen und in Stifte schneiden. Die Frühlingszwiebeln in 5 cm lange Stücke schneiden. Die Jujuben entkernen und das Fruchtfleisch in feine Stifte schneiden. Das Ganze mit Fleur de sel und Zucker verrühren. Wer mag, gibt die in Streifen geschnittene Chilischote dazu.

Die Garnierung gleichmäßig zwischen den Kohlblättern verteilen, danach jedes Kohlviertel mit dem äußeren Blatt umwickeln. Die Kohlviertel mit der Innenseite der Blätter nach oben in einen luftdicht schließenden Behälter legen und mit der Marinade bedecken. Dabei darf das Behältnis nur zu 80 % gefüllt werden. Den Behälter verschließen. Den Kimchi bei Zimmertemperatur 24 Stunden an einem dunklen Platz stehen lassen, dann im Kühlschrank aufbewahren. Der Kimchi kann nach 2 Wochen verwendet werden und hält sich im Kühlschrank etwa 6 Monate.

TIPP —— *Dieser Kimchi wirkt sich wohltuend auf die Verdauung aus.*

Gebratener Kimchi

KIMCHI-BOKKEUM

김치볶음

Das ist ein gutes Rezept für Kimchi aus stark fermentiertem Kohl, das ich dafür gern empfehle. Obendrein ist es ganz einfach zuzubereiten.

FÜR 4 PERSONEN

Vorbereitung 5 Minuten
Garzeit 10 Minuten

ZUTATEN

2 Viertel Kimchi aus Chinakohl (siehe S. 90)
3 cm Lauch (weißer Teil)
2 EL geschmacksneutrales Pflanzenöl
1½ EL Zucker
1 EL Sesamöl

Die Kimchi-Viertel quer in 2 cm breite Streifen schneiden. Den Lauch hacken.

Das Pflanzenöl in einer Pfanne erhitzen. Den Lauch darin bei starker Hitze anbraten, bis er duftet. Kimchi und Zucker zugeben. Bei mittlerer Hitze 5–10 Minuten braten, bis der Kimchi leicht glasig wird und auf die Hälfte zusammengefallen ist. Wenn er zu trocken aussieht, 3 EL Wasser hinzufügen.

Den Herd ausschalten und die Pfanne auf der heißen Herdplatte stehen lassen. Den Kimchi mit Sesamöl beträufeln, umrühren und servieren.

TIPP —— *Wenn das Gericht als Beilage zu einer anderen Speise serviert wird, bestreuen Sie es einfach mit dünnen Lauchringen und Sesam. Soll es als Hauptgericht auf den Tisch kommen, reichen Sie dazu Reis und pro Person ein Eigelb. Dann mit Schnittlauchröllchen bestreuen und mit 1 TL Sesamöl beträufeln.*

Kimchi

Wenn es eine Speise gibt, die für die koreanischen Esskultur steht, dann ist es Kimchi. Das Wort bezeichnet allgemein durch Milchsäuregärung fermentiertes Gemüse in einer Salzlake. Es gibt mehrere Hundert verschiedene Sorten, aber die bekannteste und am häufigsten servierte ist Baechu-Kimchi, der aus Chinakohl hergestellt wird (siehe S. 90). Er dient nicht nur als Beilage zu den meisten Mahlzeiten, auch in vielen koreanischen Gerichten ist er eine wichtige Zutat.

GESCHICHTE

Die Geschichte von Kimchi reicht über 2000 Jahre zurück. Schon damals waren die Koreaner für ihre Fermentierungskünste bekannt. In Salzlake eingelegtes und gewürztes Gemüse wurde in spezielle Töpfe *(ongi)* gefüllt und vergraben, um sie vor Licht und Hitze geschützt aufzubewahren. So stand den Koreanern auch in den harten Wintern, die auf der Halbinsel häufig vorkamen, Gemüse zur Verfügung. Chilischoten wurden damals noch nicht verwendet, denn sie gelangten erst viel später mit portugiesischen Händlern nach Korea.

NATÜRLICHE MILCHSÄUREGÄRUNG

Kimchi ist ein »lebendiges« Lebensmittel, ähnlich wie Käse. Bei richtiger Lagerung (im Kühlschrank und nicht unter der Erde) entwickelt er seinen Geschmack und seine Konsistenz im Lauf von Wochen oder Monaten. Auch die Gemüseart spielt für die Reifungsdauer eine Rolle. In den ersten Tagen ist er frisch und knackig, aber mit zunehmender Reifung verändert sich das Gemüse, ohne dabei zu verderben. Dieser Effekt beruht auf dem Prinzip der natürlichen Milchsäuregärung, die durch die Salzlake und verschiedene Zutaten unterstützt wird und auch für den säuerlichen Geschmack von Kimchi sorgt. Essig, der auch zum Konservieren verwendet werden kann, ist in Kimchi niemals enthalten. Dass Kimchi als besonders gesund gilt, liegt vor allem an den Milchsäurebakterien und dem großzügigen Einsatz von Knoblauch.

KIMJANG: EIN FAMILIENRITUAL

Kimjang nennt man große Familientreffen im Frühherbst, also zur Zeit der Kohlernte, bei denen alle Familienmitglieder gemeinsam Kimchi herstellen. Manchmal werden an einem Tag mehrere Hundert Kohlköpfe zu Kimchi verarbeitet. Die Früchte der Arbeit werden dann unter den Familienmitgliedern aufgeteilt, die monatelang davon zehren können. Dieser uralte koreanische Brauch sowie die Technik der Kimchi-Zubereitung wurden von der UNESCO zum immateriellen Kulturerbe erklärt.

Gebratener Kimchi mit Schweinefleisch und Tofu

KIMCHI-JEYUK

김치제육

Dieses köstliche Gericht mit Kimchi aus Chinakohl und Schweinenacken wird Familie und Freunde begeistern. Servieren Sie dazu eine Schale Makgeolli (naturtrüben koreanischen Reiswein).

FÜR 4 PERSONEN
Vorbereitung 10 Minuten
Wartezeit 20 Minuten
Garzeit 40 Minuten

ZUTATEN
600 g Schweinenacken
3 EL Zucker
350 g Kimchi aus Chinakohl (siehe S. 90)
10 cm Lauch (weißer Teil)
50 ml klarer Schnaps (Soju oder Gin)
40 g Chili-Marinade (siehe S. 148)
1 EL Fischsauce

Tofu
200 g fester Tofu
3 EL geschmacksneutrales Pflanzenöl
Salz

Das Fleisch mit einem scharfen Messer in dünne Scheiben schneiden. Das ist einfacher, wenn man es vor dem Schneiden 4 Stunden tiefkühlt. Die Fleischscheiben mit dem Zucker bestreuen und für 20 Minuten zur Seite stellen. Den Kimchi in 2 cm breite Streifen schneiden. Den Lauch schräg in 1 cm dicke Stücke schneiden. Kimchi mit Fleisch, Alkohol und Chili-Marinade mischen.

Eine Pfanne erhitzen und das Ganze bei starker Hitze 30 Minuten braten. Wenn die Zutaten zu trocken aussehen, etwas Wasser hinzufügen. Den Lauch zugeben und 10 Minuten mitbraten. Mit der Fischsauce würzen.

Den Tofu in 1,5 cm dicke Scheiben schneiden. Das Pflanzenöl in einer Pfanne erhitzen. Den Tofu bei mittlerer Hitze von beiden Seiten goldbraun braten. Zum Wenden der Tofustücke einen Pfannenwender und einen Löffel verwenden, damit sie nicht zerbrechen. Während des Bratens jede Seite mit Salz würzen. Den gebratenen Tofu auf Küchenpapier abtropfen und abkühlen lassen.

Alles auf eine Platte geben und servieren.

TIPP —— *Je ein Stück Kimchi und Schweinefleisch auf ein Stück Tofu legen und zusammen verspeisen. Für Gäste können Sie auch Salatblätter vorbereiten, die jeder selbst mit dem Kimchi-Jeyuk belegt.*

Kimchi-Eintopf

KIMCHI-JJIGAE

김치찌개

Ein typisch koreanisches Wohlfühlessen. Ich mag es besonders gern mit einer Schale weißem Reis und einem Spiegelei.

FÜR 4 PERSONEN
Vorbereitung 10 Minuten
Garzeit 30 Minuten

ZUTATEN
500 g Kimchi aus Chinakohl (siehe S. 90)
300 g Schweinenacken ohne Knochen
200 g fester Tofu
1 Zwiebel
1 Frühlingszwiebel
2 Knoblauchzehen
1 EL Zucker
2 EL Fischsauce
500 ml Wasser

Den Kimchi in 2 cm breite Streifen schneiden. Das Fleisch in mundgerechte Stücke schneiden. Den Tofu in 1 cm dicke Scheiben schneiden. Die Zwiebel schälen und würfeln. Den weißen Teil der Frühlingszwiebel hacken und zur Zwiebel geben. Den grünen Teil der Frühlingszwiebel schräg in Ringe schneiden und zur Seite stellen. Den Knoblauch schälen und durchpressen.

Eine Pfanne ohne Fett stark erhitzen. Den Kimchi hineingeben und mit dem Zucker bestreuen. Die Fleischstücke zugeben und gleichmäßig mit der Fischsauce beträufeln. Den zerdrückten Knoblauch zugeben. Das Ganze einige Minuten braten, bis das Fleisch goldbraun ist und der Kimchi beginnt, glasig zu werden. Das Wasser und die Zwiebelstücke zugeben und umrühren.

Bei mittlerer Hitze 20 Minuten ohne Deckel köcheln lassen. 5 Minuten vor Ende der Garzeit die Brühe probieren und nach Bedarf mehr Fischsauce hinzufügen. Den Tofu und die Frühlingszwiebelringe zugeben und den Eintopf heiß servieren.

Bossam-Kimchi mit pochiertem Schweinebauch

BOSSAM

보쌈

FÜR 4 PERSONEN
Vorbereitung 10 Minuten
Wartezeit 30 Minuten
Garzeit 50 Minuten

ZUTATEN

Pochierter Schweinebauch

600 g Schweinebauch
4 Knoblauchzehen
½ Zwiebel
½ Lauchstange, grüner Teil (4 Blätter)
20 schwarze Pfefferkörner
250 ml klarer Schnaps (Soju oder Gin)
70 g Doenjang-Sojabohnenpaste

Bossam-Kimchi

400 g weißer asiatischer Rettich
6 EL Zucker
1 EL Fleur de sel
½ Birne
2–3 dünne Frühlingszwiebeln
3 Knoblauchzehen
20 g Gochujang-Chilipaste
3 EL Gochugaru-Chilipulver
3 EL Fischsauce
2 EL Ingwersirup (siehe S. 202)
Salatblätter zum Servieren

Chinakohl als Beilage

¼ Kopf gepökelter Chinakohl, abgetropft (siehe Kimchi aus Chinakohl, S. 90)

Für den pochierten Schweinebauch das Fleisch der Länge nach halbieren. In einem Topf 1,5 l Wasser zum Kochen bringen. Das Fleisch hineinlegen. Knoblauch und Zwiebel schälen und zusammen mit dem Lauch und den Pfefferkörnern zugeben. Den Schnaps angießen, die Doenjang-Paste unterrühren. Das Fleisch 10 Minuten bei starker Hitze zugedeckt garen. Dann den Deckel etwas öffnen und das Fleisch weitere 30 Minuten bei mittlerer Hitze garen, zum Schluss noch 10 Minuten bei schwacher Hitze köcheln lassen.

Währenddessen für den Bossam-Kimchi den Rettich schälen und in 5 mm dicke Stifte schneiden. Mit 5 EL Zucker und dem Fleur de sel bestreuen. Für 30 Minuten zur Seite stellen, dabei alle 10 Minuten umrühren. Den Rettich anschließend unter fließendem Wasser abspülen. Abtropfen lassen und mit der Hand ausdrücken, bis keine Flüssigkeit mehr austritt.

Die Birne schälen und in 5 mm große Stifte schneiden. Die Frühlingszwiebeln in 3 cm lange Stücke schneiden. Den Knoblauch schälen und durchpressen. Rettich, Birne, Frühlingszwiebeln und Knoblauch in eine Schüssel geben und mit Gochujang, Gochugaru, Fischsauce, 1 EL Zucker und dem Ingwersirup verrühren.

Das pochierte Fleisch in dünne Scheiben schneiden. Den Bossam-Kimchi auf Salatblättern anrichten. Von dem gepökelten Chinakohl die harten äußeren Blätter entfernen. Alles auf einer Platte anrichten.

Jeder bedient sich selbst und wickelt etwas Fleisch und Bossam-Kimchi in ein Blatt Chinakohl.

TIPP —— *Dieses Gericht wird traditionell am Ende des Tages gegessen, an dem Kimchi zubereitet wurde. Man lässt dafür einige Kohlviertel in der Salzlake liegen. Anstelle von Bossam-Kimchi kann man auch die restliche Marinade von Kimchi aus Chinakohl (siehe S. 90), Ssamjang-Sauce (siehe S. 156) oder ein Dressing aus 1 EL Fischsauce, 1 durchgepressten Knoblauchzehe, ⅓ grüner Chilischote (gehackt) und 1 TL Gochugaru-Chilipulver verwenden.*

Kimchi-Eintopf mit Tofupüree

BIJI-JJIGAE

비 지 찌 개

Das ist eins meiner absoluten Lieblingsgerichte für Werktage. Ich serviere dazu gern verschiedene Kleinigkeiten: gebratene Makrele, Kimchi, eingelegtes Gemüse, geröstete und gewürzte Algen …

FÜR 4 PERSONEN

Vorbereitung 10 Minuten
Garzeit 30 Minuten

ZUTATEN

300 g Schweinenacken
280 g Kimchi aus Chinakohl (siehe S. 90)
2 Knoblauchzehen
½ EL Zucker
½ EL Sesamöl
700 g fester Tofu
2 EL geschmacksneutrales Pflanzenöl
1 TL Gochugaru-Chilipulver (nach Belieben)
400 ml Wasser
10 cm Lauch (weißer Teil)
2 EL Fischsauce
Salz

Den Schweinenacken in Würfel schneiden, die nicht größer als 1 cm sind. Den Kimchi in eine Schüssel geben und mit einer Schere in kleine Stücke schneiden. Den Knoblauch schälen und durchpressen und mit dem Zucker und dem Sesamöl zum Kimchi geben. Das Fleisch hinzufügen und alles mit der Hand gut verrühren. Den Tofu mit einem Kartoffelstampfer zerdrücken, sodass keine großen Stücke übrig bleiben.

Das Pflanzenöl in einem Topf erhitzen. Die Fleischmischung hinzufügen und 8 Minuten braten. Wer es scharf mag, gibt dabei das Gochugaru-Chilipulver hinzu.

Das Wasser dazugießen, zum Kochen bringen und das Ganze 10 Minuten kochen lassen. In der Zwischenzeit den Lauch in feine Streifen schneiden. Den zerdrückten Tofu mit der Fischsauce in den Topf geben und 5 Minuten mitgaren. Mit Salz abschmecken. Den Lauch zugeben und alles noch 5 Minuten köcheln lassen. Den Eintopf heiß servieren.

Kalte Nudeln mit Kimchi

BIBIM-GUKSU

비빔국수

Dieses Gericht hat meine Mutter oft gemacht, wenn wir allein zu Hause waren. Es ist eine wahre Köstlichkeit, die kalt serviert wird.

FÜR 2 PERSONEN
Vorbereitung 10 Minuten
Garzeit 20 Minuten

ZUTATEN
200 g Somyeon-Nudeln (Somen)

Topping
1 Ei
120 g Kimchi aus Chinakohl (siehe S. 90)
1 TL Zucker
1 TL Sesamöl
5 cm Salatgurke

Sauce
60 g Gochujang-Chilipaste
5 EL Apfelessig
3 EL Zucker
3 EL Sojasauce
2 TL Knoblauchpulver
2 TL Sesamöl
2 TL Sesam
1 Prise Pfeffer

Für das Topping das Ei in einen Topf mit kaltem Wasser legen. Zum Kochen bringen, 9 Minuten kochen, dann das Ei unter kaltem Wasser abschrecken und pellen. Den Kimchi waschen, mit den Händen gut ausdrücken und in kleine Stücke schneiden. Mit Zucker und Sesamöl mischen und durchkneten. Die Gurke in dünne Stifte schneiden.

Alle Zutaten für die Sauce miteinander verrühren.

Für die Nudeln in einem Topf Salzwasser zum Kochen bringen. Die Nudeln hineingeben. Wenn das Wasser wieder kocht, 200 ml kaltes Wasser dazugießen. Den Vorgang ein zweites Mal wiederholen. Wenn das Wasser zum dritten Mal kocht, die Nudeln abgießen. Unter kaltem Wasser abspülen und dabei mit der Hand schütteln, um möglichst viel Stärke zu entfernen.

Die Nudeln auf die Servierschalen verteilen. Jede Portion mit der gewünschten Saucenmenge übergießen. Jeweils die Hälfte des Kimchi und der Gurke darauf anrichten. Jede Portion mit einem halben Ei garnieren. Erst beim Essen alle Zutaten miteinander vermischen.

TIPP —— *Dazu schmeckt Jangjorim aus Rindfleisch (siehe S. 130) und eingelegter Rettich in Scheiben (siehe S. 122). Sie können die Nudeln auch zu einem koreanischen Barbecue (siehe S. 166) servieren.*

Chinakohlsalat mit Kimchi-Dressing

BAECHU-GEOTJEORI

배 추 겉 절 이

FÜR 4 PERSONEN
Vorbereitung 15 Minuten
Wartezeit 2 Stunden

ZUTATEN
600 g Chinakohl
50 g grobes graues Meersalz
1 l Wasser
2–4 Frühlingszwiebeln (je nach Dicke)
1 Karotte
50 g Chili-Marinade (siehe S. 148)
2 EL Fischsauce
1 EL Zucker
Fleur de sel
½ EL Sesam

Den Chinakohl in große mundgerechte Stücke schneiden. Das Salz in dem Wasser auflösen und den Kohl hineinlegen. 1½ Stunden ziehen lassen.

Die Frühlingszwiebeln in 5 cm lange Stücke schneiden. Die Karotte schälen und in Stifte schneiden.

Den Chinakohl abtropfen lassen. In frischem Wasser dreimal gut waschen, dann 30 Minuten abtropfen lassen. Mit Chili-Marinade, Fischsauce, Zucker, Karotte und Frühlingszwiebeln mischen. Mit Fleur de sel abschmecken. Den Salat vor dem Servieren mit dem Sesam bestreuen.

TIPP —— *In Korea bereitet man diesen Chinakohlsalat zu, wenn kein Kimchi mehr im Kühlschrank ist. Der Salat ist schnell fertig, hält sich aber höchstens 1 Woche, weil er nicht fermentiert ist.*

Gimbap mit Kimchi

KIMCHI-KIMBAP

김치김밥

Ich mag Gimbap-Rezepte, weil man sie unendlich abwandeln kann. Diese Version mit Kimchi bereite ich zu Hause besonders oft zu.

ERGIBT 2 ROLLEN

Vorbereitung 40 Minuten
Garzeit 10 Minuten

ZUTATEN

200 g Kimchi aus Chinakohl (siehe S. 90)
5 TL Sesamöl
3 TL Zucker
⅓ Salatgurke
2½ TL Salz
3 Eier
1 TL Knoblauchpulver
geschmacksneutrales Pflanzenöl
2 Karotten
5 Surimi-Sticks
½ EL Sojasauce
300 g gekochter weißer Reis (siehe S. 10), lauwarm
2 große Nori-Blätter
2 Scheiben Kochschinken
Sesam

Den Kimchi abspülen, mit der Hand kräftig ausdrücken, dann in kleine Stücke schneiden. Mit 2 TL Sesamöl und 1 TL Zucker mischen und durchkneten. Die Gurke in dünne Stifte schneiden, mit ½ TL Salz mischen, mit der Hand durchkneten, dann auspressen.

Die Eier mit 1 Prise Salz und dem Knoblauchpulver verquirlen und daraus in einer heißen Pfanne in etwas Öl zwei sehr dünne Omeletts braten. Die Karotten schälen und in Stifte schneiden und in einer heißen Pfanne in etwas Öl 3 Minuten braten. Mit 1 Prise Salz würzen. Die Surimi-Sticks in Stücke zupfen und 3 Minuten in einer heißen Pfanne mit etwas Öl braten. Mit 2 TL Zucker und der Sojasauce würzen. Den Reis mit 2 TL Sesamöl und 2 TL Salz vermischen (**A**).

Für die erste Rolle ein Nori-Blatt mit der rauen Seite nach oben auf eine Bambusmatte legen. Darauf gleichmäßig eine Schicht Reis verteilen. Am unteren Rand eine Scheibe Schinken auflegen, darauf das Omelett legen. In die Mitte des Omeletts nebeneinander Gurke, Surimi, Karotte und Kimchi legen. Den unteren Rand des Nori-Blattes mithilfe der Matte hochziehen und über die Füllung schlagen, dabei fest andrücken, damit der Reis an der Außenseite des Algenblattes haftet (**B**). Am oberen Rand des Nori-Blatts einige Reiskörner zerdrücken. Sie sorgen dafür, dass die Rolle zusammenhält. Mithilfe der Bambusmatte eine feste Rolle formen (**C–D**). Die Außenseite mit Sesamöl einpinseln. Die Rolle in 1 cm dicke Stücke schneiden (**E**). Mit der zweiten Rolle ebenso verfahren. Vor dem Servieren mit Sesam bestreuen (**F**).

TIPP —— *Weil der Reis und die übrigen Zutaten gewürzt sind, serviert man Gimbap normalerweise ohne Sauce.*

A

B

C

D

F

E

Eingelegtes Gemüse mit Sojasauce

JANGAJJI

장아찌

ERGIBT JE 1 GLAS À 500 ML *Vorbereitung 5 Minuten – Garzeit 5 Minuten – Wartezeit 24 Stunden*

MARINADE *200 ml Sojasauce, 400 ml Bier, 200 ml Essig, 100 g Zucker*

Zuerst die Gläser sterilisieren: Wasser in einen Topf geben und die Gläser umgedreht hineinstellen. Das Wasser bei starker Hitze zum Kochen bringen, dann 5 Minuten kochen lassen. Die Gläser vorsichtig herausnehmen und abtrocknen, wenn sie leicht abgekühlt sind. Dann das vorbereitete Gemüse einfüllen. Alle Zutaten für die Marinade in einen Topf geben. Zum Kochen bringen und 5 Minuten bei starker Hitze ohne Deckel kochen lassen. Mit einer Schöpfkelle die heiße Marinade direkt über das Gemüse in die sterilisierten Gläsern gießen. Das Gemüse mit einem Löffel etwas zusammendrücken. Auf Zimmertemperatur abkühlen lassen. Das Gemüse nach Belieben mit Frischhaltefolie abdecken, die Gläser verschließen und im Kühlschrank aufbewahren. Das eingelegte Gemüse kann nach 24 Stunden verwendet werden und ist mindestens 3 Monate haltbar.

Zwiebeln

ZUTATEN

1 Zwiebel
50 g Weißkohl
½ grüne Chili (nach Belieben)

Zwiebel und Kohl in 1,5 cm große Quadrate schneiden. Chilischote in Ringe schneiden. In ein sterilisiertes, trockenes Glas legen und mit der heißen Marinade übergießen.

Spargel

ZUTATEN

400 g grüner Spargel

Die harten Enden der Spargelstangen abschneiden. Die Spargelstangen mit einem Messer leicht abschaben. Falls nötig, den Spargel auf die Höhe des Glases zuschneiden. Die Stangen aufrecht in ein sterilisiertes, trockenes Glas stellen und mit der heißen Marinade übergießen.

Brokkoli

ZUTATEN

250 g Brokkoli
1 TL Salz
1 EL Branntweinessig

Den Brokkoli in Röschen schneiden. Für 20 Minuten in kaltes Wasser mit Salz und Essig legen, dann abgießen und dreimal in frischem Wasser waschen. Den Brokkoli abtropfen lassen, in ein sterilisiertes, trockenes Glas geben und mit der heißen Marinade übergießen.

MADE IN ITALY

Eingelegte Gurken mit Sojasauce

OI JANGAJJI

오 이 장 아 찌

ERGIBT 1 GLAS À 1 L
Vorbereitung 5 Minuten
Garzeit 5 Minuten
Wartezeit 1 Woche

ZUTATEN
5–6 Snackgurken
1 Handvoll grobes Salz
300 ml Bier
150 ml Sojasauce
150 ml Essig
75 g Zucker

Zuerst das Einmachglas sterilisieren: Wasser in einen Topf geben und das Glas umgedreht hineinstellen. Das Wasser bei starker Hitze zum Kochen bringen und 5 Minuten kochen lassen. Das Glas vorsichtig herausnehmen und abtrocknen, wenn es leicht abgekühlt ist.

Die Gurken mit dem Salz kräftig abreiben. Unter fließendem Wasser abspülen und abtrocknen. Die Gurken in das vorbereitete Glas geben und so dicht wie möglich zusammendrücken.

Für die Marinade Bier, Sojasauce, Essig und Zucker in einen Topf geben. Zum Kochen bringen und 5 Minuten bei starker Hitze ohne Deckel kochen.

Die Gurken mit der heiße Marinaden übergießen, dann mit einem Löffel weiter zusammendrücken. Auf Zimmertemperatur abkühlen lassen. Das Glas verschließen und im Kühlschrank aufbewahren.

Diese Gurken können nach 1 Woche verwendet werden und sind mindestens 3 Monate haltbar.

TIPP —— *Das Bier sorgt für eine bessere Haltbarkeit der Gurken und macht das Gemüse gleichzeitig knackiger. Es kann jedoch auch durch die gleiche Menge Wasser ersetzt werden.*

Eingelegter Rettich

MU-CHOJEOLIM

무 초 절 임

ERGIBT 3 GLÄSER À 500 ML

Vorbereitung 15 Minuten
Garzeit 5 Minuten
Wartezeit 24 Stunden

ZUTATEN

1 kg weißer asiatischer Rettich (oder schwarzer Rettich)
500 ml Wasser
250 ml Branntweinessig
100 g Zucker
1 TL Fleur de sel

Den Rettich schälen und in drei gleich große Teile schneiden. Das erste Drittel in sehr dünne Scheiben hobeln. Das zweite Drittel ebenso hobeln, dann die Scheiben jeweils in drei Streifen schneiden. Das letzte Drittel in ca. 1,5 cm große Würfel schneiden.

Die Gläser sterilisieren. Dafür Wasser in einen Topf geben und die Gläser umgedreht hineinstellen. Das Wasser bei starker Hitze zum Kochen bringen und 5 Minuten kochen lassen. Die Gläser vorsichtig herausnehmen und abtrocknen, wenn sie leicht abgekühlt sind. Jedes Glas mit einer Form von Rettichstücken füllen.

Für die Marinade Essig, Wasser, Zucker und Salz in einen Topf geben. Zum Kochen bringen. Wenn sich Zucker und Salz aufgelöst haben, in jedes Glas so viel heiße Marinade gießen, bis der Rettich bedeckt ist. Den Rettich mit einem Löffel etwas zusammendrücken. Auf Zimmertemperatur abkühlen lassen, dann die Gläser verschließen und im Kühlschrank aufbewahren.

Der Rettich kann nach 24 Stunden serviert werden und ist im Kühlschrank mindestens 3 Monate haltbar.

TIPPS —— *Rettichscheiben werden oft mit Ssambap (siehe S. 156) serviert. Man kann sie auch in ein großes Salatblatt einrollen oder als Belag für einen Burger verwenden. Die Streifen dienen als Beilage, um scharfes Essen zu mildern. Sie schmecken auch zu kalten Nudeln mit Kimchi (siehe S. 112) anstelle von Kimchi aus Chinakohl. Auch die Würfel dienen als Beilage, um scharfe Gerichte zu mildern. Sie werden oft zu Backhähnchen (siehe S. 56) serviert.*

FLEISCH

고 기

Mariniert, gegrillt, paniert, geschmort oder roh … die koreanische Küche kennt viele verschiedene Arten, Fleisch zuzubereiten. In diesem Kapitel erfahren Sie außerdem, wie Sie ein authentisches koreanisches Barbecue zubereiten.

Geschmortes Hähnchen

DAKBOKKEUMTANG

닭 볶 음 탕

Wenn ich Tteokbokki Tteok (siehe S. 26) zu Hause habe, gebe ich sie gerne am Ende der Garzeit mit in den Topf. Das sorgt für eine angenehme Textur und rundet die Mahlzeit gut ab. Dann braucht man keinen Reis.

FÜR 4 PERSONEN

Vorbereitung 20 Minuten
Wartezeit 20 Minuten
Garzeit 50 Minuten

ZUTATEN

1 Hähnchen (1,2 kg), küchenfertig
2 EL Zucker
2 EL Ingwersirup (siehe S. 202)
4 mittelgroße Kartoffeln
2 Karotten
1 Zwiebel
10 cm Lauch (weißer Teil)
100 g Chili-Marinade (siehe S. 148)
100 ml Sojasauce
400 ml Wasser
100 ml klarer Schnaps (Soju oder Gin)

Von dem Hähnchen überschüssige Haut und Fett entfernen. Falls nötig den Hals abschneiden. Das Hähnchen der Länge nach halbieren, dann Flügel und Keulen abtrennen und halbieren. Das restliche Hähnchen in Stücke schneiden, dabei die Brust nicht von den Rippen lösen.

Die Hähnchenteile mit dem Zucker und dem Ingwersirup einreiben. 20 Minuten ruhen lassen. In der Zwischenzeit die Kartoffeln schälen und halbieren, die Karotten schälen und in 2 cm lange Stücke schneiden, die Zwiebel schälen und vierteln. Den Lauch in 2 cm dicke Scheiben schneiden.

Nach der Ruhezeit die Hähnchenteile mit der Chili-Marinade und der Sojasauce beträufeln und dann gut vermischen. Die Hähnchenteile zusammen mit Kartoffeln, Karotten und Zwiebel in einen Topf geben. Das Wasser und den Alkohol hinzufügen. Zum Kochen bringen und 10 Minuten bei starker Hitze zugedeckt kochen lassen, dann umrühren. Die Temperatur auf mittlere Hitze reduzieren, den Deckel leicht öffnen. Das Gericht noch 30 Minuten köcheln lassen, dabei regelmäßig umrühren. Dann den Lauch zugeben und 10 Minuten mitgaren.

Das geschmorte Hähnchen mit violettem Reis (siehe S. 10) servieren.

국순당
예담
차례주
선운산
복분자
선운산 복분자
酒
100% 고창산
토복분자 사용
산사춘
熟成梅實酒
The Original Plum Wine
純
매취순
국순당
백세주

Alkoholische Getränke

Alkohol trinkt man in Korea meistens, wenn man in geselliger Runde gemeinsam isst. Diese Kombination aus Essen und Alkohol ist ein Merkmal der koreanischen Kultur. Ich wurde in Seoul geboren, einer Stadt, die niemals schläft. Dort kann man die ganze Nacht bis in die frühen Morgenstunden essen und trinken, und das zu wirklich erschwinglichen Preisen. Ich habe dieses Partyleben mit meinen Freunden und meiner Familie sehr genossen, und in Frankreich vermisse ich das manchmal. Darum lade ich so gern Gäste nach Hause ein.

DIE BEKANNTESTEN ALKOHOLISCHEN GETRÄNKE

Soju ist sicherlich die weltweit bekannteste koreanische Spirituose. Jede Region hat ihre eigenen Varianten. Er ist ziemlich stark (zwischen 16,5 und 21 Vol.-%). Man kann ihn auf Eiswürfeln trinken, aber traditionell wird er in einem kleinen Glas serviert und pur konsumiert oder mit Bier gemischt. Diese Mischung nennt man **Somek** (das ideale Mischverhältnis liegt bei drei Teilen Soju und sieben Teilen Bier). Inzwischen gibt es auch aromatisierten Soju mit geringerem Alkoholgehalt. Genießen Sie ihn zu koreanischem Barbecue (siehe S. 166), mariniertem oder gebratenem Fleisch und Eintöpfen. **Makgeolli** ist ein dickflüssiger, naturtrüber, leicht prickelnder Reiswein, der durch Gärung entsteht. Er wird aus breiten, flachen Schalen getrunken und zu koreanischen Pfannkuchen oder Kimchi-Gerichten serviert. **Mekju** ist das koreanische Bier, hell und leicht. Es passt zu den meisten Gerichten.

YAK-JU AUF REISBASIS

Yak-ju ist ein Destillat auf der Basis von Reiswein, dem auch eine Heilwirkung nachgesagt wird, weil es meist traditionelle koreanische Heilkräuter oder -früchte enthält. Eine Höflichkeitsfloskel für ältere Menschen in Korea lautet »Haben Sie gestern einen Yak-ju getrunken?«. Im Unterschied zu Alkohol ist Yak-ju nicht negativ konnotiert. **Cheong-ju** ist ein traditioneller Reisschnaps, der häufig während der großen Feste Chuseok und Seollal (die koreanischen Entsprechungen von Weihnachten und Ostern) getrunken und zu Pfannkuchen, Suppen und Eintöpfen serviert wird. **Baekse-ju** ist ein Alkohol aus Reis, Gojibeeren, Ginseng und zehn weiteren Wurzeln und Heilpflanzen. Man genießt ihn zu Samgyetang (siehe S. 144), Domi-Jjim (siehe S. 176), Bossam (siehe S. 108) und anderen Gerichten, die als gesund gelten. **Sansachun** ist ein Alkohol aus Reis und Weißdornfrüchten, der für seine verdauungsfördernde Wirkung bekannt ist. Ich serviere ihn gerne zu Fleischgerichten. Der Name **Bokbunja-ju** leitet sich von der koreanischen Bezeichnung für schwarze Himbeeren ab. Es ist ein recht süßes Getränk, das gut zu Desserts und süß-sauren Gerichten passt. Es gilt als Energiespender und kann mit einem Yukhoe (siehe S. 132), einem Tteokgalbi (siehe S. 152) und Desserts wie Yakgwa (siehe S. 196) oder Gyeongdan (siehe S. 192) genossen werden. **Maechuisun** und **Maehwasu** sind milde, süße Spirituosen, die grüne Pflaumen enthalten und zu leichten Gemüsegerichten serviert werden.

Jangjorim aus Rindfleisch

SOGOGI JANGJORIM

소고기장조림

Dieses würzige Rindfleisch lässt sich gut auf Vorrat zubereiten. Wenn man ein Glas davon im Kühlschrank hat, ist ein leckeres Essen jederzeit schnell gemacht.

ERGIBT 1 GLAS À 750 ML

Vorbereitung 25 Minuten
Wartezeit 8 Stunden
Garzeit 1½ Stunden

ZUTATEN

1 kg Rindfleisch (am besten Saumfleisch)
2 l Wasser
100 ml klarer Schnaps (Soju oder Gin)
3 grüne Lauchblätter
1 Zwiebel
50 g Knoblauch
10 g Ingwer
20 schwarze Pfefferkörner
200 ml Sojasauce
50 g Zucker

Das Fleisch in etwa 15 cm lange Stücke schneiden und in eine große Schüssel legen. Mit kaltem Wasser übergießen und für 1½ Stunden zur Seite stellen, damit es ausblutet. Das Wasser alle 30 Minuten wechseln.

Anschließend Wasser in einem Topf zum Kochen bringen. Die Fleischstücke hineingeben und 5 Minuten blanchieren. Dann in ein Sieb abgießen und unter fließendem Wasser abspülen, um das geronnene Blut zu entfernen.

2 l Wasser und den Schnaps in einen Topf gießen. Die Lauchblätter und die geschälte Zwiebel im Ganzen, die geschälten Knoblauchzehen, den geschälten Ingwer und die Pfefferkörner in einen Musselinbeutel geben. Den Beutel in den Topf legen und die Flüssigkeit zum Kochen bringen. Das Fleisch zugeben. 50 Minuten bei mittlerer Hitze und halb geschlossenem Deckel köcheln lassen.

Den Musselinbeutel herausnehmen und den Inhalt wegwerfen. Das Fleisch aus der Brühe nehmen. Beides separat zur Seite stellen. Das Fett von der Oberfläche der Brühe abschöpfen, sobald es fest wird. Die Brühe durch ein feines Sieb gießen. Das Fleisch von Hand mit der Faser in 5 mm breite Streifen zupfen.

Von der Brühe 800 ml abmessen und mit der Sojasauce, dem Zucker und dem Fleisch in einem Topf zum Kochen bringen. 25 Minuten bei mittlerer Hitze köcheln lassen. Das Fleisch und Kochflüssigkeit in ein sterilisiertes Glas füllen (siehe S. 118). Auf Zimmertemperatur abkühlen lassen, dann das Glas verschließen. Das Fleisch hält sich im Kühlschrank 2 Wochen. Als Beilage oder Garnierung kalt oder leicht erwärmt servieren.

TIPP —— *Für eine schnelle Mahlzeit eine Portion Reis in eine Schale geben, ein Stückchen Butter und ein Spiegelei hinzufügen, etwas von dem Rindfleisch daneben anrichten und mit Sauce aus dem Glas beträufeln. Vermischen und genießen.*

Koreanisches Rindertatar

YUKHOE

육 회

Ein Schlückchen Yak-ju. Ein Bissen Yukhoe. Ein Schlückchen Yak-ju … Durch diesen Wechsel entsteht im Mund ein wahres Fest der Aromen.

FÜR 2 PERSONEN
Vorbereitung 25 Minuten

ZUTATEN
300 g Rindfleisch aus der Oberschale
½ Birne (am besten koreanische Birne oder Nashi)
2 Knoblauchzehen
1,5 cm Lauch (weißer Teil)
2 EL Mat-Ganjang-Sauce (siehe S. 146)
1 EL Sesamöl
1 EL Zucker
½ EL Sesam (oder Pinienkerne), plus mehr zum Bestreuen
Salz
Pfeffer
50 g Rucola
1 Eigelb

Das Fleisch mit Küchenpapier abtupfen, um ausgetretenes Blut zu entfernen. Anschließend in 5 mm breite Streifen schneiden. Die Birne schälen und in 5 mm dünne Stifte schneiden. Den Knoblauch schälen und durchpressen. Den Lauch hacken.

Das Fleisch mit Knoblauch, Lauch, Mat-Ganjang-Sauce, Sesamöl, Zucker und Sesam vermischen, mit Salz und Pfeffer abschmecken. Zum Mischen Stäbchen oder Gabeln verwenden, nicht die Hände, denn durch die Körperwärme kann sich die Farbe des Fleischs verändern.

Den Rucola auf einen Teller legen. Die Birnenstifte darauf anrichten. Das Fleisch in eine kleine Schale drücken und dann in die Mitte des Tellers stürzen. In der Mitte des Fleischs eine kleine Vertiefung schaffen und vorsichtig das Eigelb hineingeben. Mit Sesam oder Pinienkernen bestreuen.

Beim Servieren das Eigelb anstechen und wie einen Dip für das Fleisch verwenden.

TIPPS —— *Reste gleich nach dem Essen in den Kühlschrank stellen. Am nächsten Tag in einer Pfanne braten, mit Mat-Ganjang-Sauce würzen und mit Reis servieren.*

FLEISCH

Schweinefleisch-Bulgogi

DWAEJI-BULGOGI

돼 지 불 고 기

Saftiges Schweinefleisch mit scharfer Chili-Marinade. Ich empfehle, gleich eine größere Menge zu machen, weil man es so gut kombinieren kann: mit einer Schale Reis und Gemüse, mit Bibimbap oder auch mit koreanischen Instant-Nudeln.

FÜR 4 PERSONEN
Vorbereitung 25 Minuten
Wartezeit 20 Minuten
Garzeit 30 Minuten

ZUTATEN
700 g Schweinenacken
2 EL Ingwersirup (siehe S. 202)
1 EL Zucker
1 Karotte
⅓ Zucchini
1 Zwiebel
10 cm Lauch (weißer Teil)
60 g Chili-Marinade (siehe S. 148)
20 g Gochujang-Chilipaste
6 EL Sojasauce
1 EL Fischsauce
2 EL klarer Schnaps (Soju oder Gin)
geschmacksneutrales Öl

Das Fleisch in dünne Scheiben schneiden, in einer Schüssel mit Ingwersirup und Zucker mischen und 20 Minuten marinieren.

Die Karotte schälen und in drei Stücke schneiden, jeweils längs halbieren und dann längs in Streifen schneiden. Die Zucchini zuerst quer, dann längs halbieren und ebenfalls in Streifen schneiden. Die Zwiebel schälen, halbieren und in 1 cm breite Scheiben schneiden. Den Lauch schräg in 1 cm lange Stücke schneiden.

Das Fleisch mit Chili-Marinade, Gochujang, Sojasauce, Fischsauce und Alkohol vermischen. Eine Pfanne mit etwas Öl erhitzen. Das Fleisch darin 20 Minuten bei starker Hitze braten. Das Gemüse zugeben und 10 Minuten mitbraten, bis es etwas weicher geworden ist. Das Gericht heiß servieren. Es eignet sich auch gut für Ssambap (siehe S. 156).

TIPP —— *Das Fleisch lässt sich leichter dünn aufschneiden, wenn man es vorher für 3–4 Stunden ins Tiefkühlfach legt.*

Glasnudelsalat mit Rindfleisch

JAPCHAE

잡채

Dieses üppige Gericht mit Rindfleisch und Glasnudeln ist ein koreanischer Klassiker, der oft für Familienfeste gekocht wird.

FÜR 4 PERSONEN
Vorbereitung 25 Minuten
Wartezeit 2 Stunden
Garzeit 40 Minuten

ZUTATEN
200 g Süßkartoffel-Glasnudeln (Dangmyeon)
300 g Rindersteak
6 EL Sojasauce
4 EL Zucker
1½ TL Knoblauchpulver
1 TL Pfeffer
1 Karotte
½ Zucchini
1 rote Paprika
4 Shiitakepilze (oder Austernseitlinge)
½ Zwiebel
3 cm Lauch (weißer Teil)
1 Ei
Salz
geschmacksneutrales Pflanzenöl
100 ml Wasser
4 EL Sesamöl
½ EL Sesam
5 Stängel Schnittlauch

Die Glasnudeln in kaltes Wasser legen und 2 Stunden quellen lassen; dann abgießen.

Das Fleisch in dünne Streifen schneiden. In einer Schüssel mit 2 EL Sojasauce, 1 EL Zucker, ½ TL Knoblauchpulver und ½ TL Pfeffer mischen und zur Seite stellen.

Die Karotte schälen und zusammen mit der Zucchini in Stifte schneiden. Paprika und Pilze putzen, die Zwiebel schälen und alles in feine Streifen schneiden. Den Lauch hacken. Das Ei mit 1 Prise Salz verquirlen. In einer Pfanne etwas Pflanzenöl erhitzen und ein dünnes Omelett braten. Abkühlen lassen, vorsichtig aufrollen und in feine Streifen schneiden.

Noch etwas Pflanzenöl in der Pfanne erhitzen. Karotte und Zucchini bei starker Hitze anbraten und mit 1 Prise Salz würzen. Wenn das Gemüse etwas weicher geworden ist, in eine Schüssel umfüllen und zur Seite stellen. Ebenso mit der Paprika verfahren, dann mit den Pilzen und schließlich mit der Zwiebel. Zum Schluss das marinierte Fleisch 5 Minuten anbraten, dann zu dem Gemüse in die Schüssel geben.

Für die Sauce das Wasser in einer Schüssel mit 4 EL Sojasauce, 3 EL Zucker, 1 TL Knoblauchpulver und ½ TL Pfeffer verrühren. Den gehackten Lauch in einer Pfanne mit 2 EL Sesamöl bei mittlerer Temperatur erhitzen. Wenn der Lauch zu duften beginnt, die Glasnudeln und die Sauce dazugeben. Unter Rühren 5 Minuten durchwärmen.

Die heißen Glasnudeln in die Schüssel auf das Gemüse geben. Die Nudeln mit einer Schere längs und quer in Stücke schneiden. Den Sesam und 2 EL Sesamöl hinzufügen und sobald die Glasnudeln leicht abgekühlt sind, das Ganze vorsichtig von Hand mischen. Das Japchae auf Schalen verteilen. Vor dem Servieren mit den Omelettstreifen und gehacktem Schnittlauch garnieren.

FLEISCH

Gegrilltes Schweinefleisch

MAEKJEOK

맥 적

Ein traditionsreiches Rezept für mariniertes Schweinefleisch, hier in einer modernen Variante mit feiner Zitronennote. Das Fleisch kann auch auf dem Grill zubereitet werden.

FÜR 4 PERSONEN
Vorbereitung 15 Minuten
Garzeit 30 Minuten

ZUTATEN
4 Schweinekoteletts mit Knochen (am besten Nacken; insgesamt 700 g)
3 grüne Lauchblätter
80 g Doenjang-Sojabohnenpaste
2 EL Mat-Ganjang-Sauce (siehe S. 146)
3 EL Zitronensirup (siehe S. 198; nach Belieben auch einige Scheiben eingelegte Zitrone)
1 TL gemahlener Ingwer
2 EL klarer Schnaps (Soju oder Gin)
1 EL Sesamöl

Den Backofen auf 180 ° vorheizen.

Die Koteletts mit einem Messer von beiden Seiten gleichmäßig kreuzweise einritzen, dabei das Fleisch aber nicht durchstechen. Die Lauchblätter in 7 cm lange Stücke schneiden. Das Fleisch mit dem Lauch in eine Schüssel geben. Doenjang, Mat-Ganjang-Sauce, Zitronensirup, Ingwer, Schnaps und Sesamöl hinzufügen und alles mit den Händen vermengen.

Ein Ofengitter auf eine Fettpfanne setzen. Die Koteletts nebeneinander auf dem Gitter verteilen. Die Lauchstücke um das Fleisch herum verteilen. Wer mag, gibt eingelegte Zitronenscheiben dazu. Die Koteletts im Ofen 30 Minuten garen.

Wenn das Fleisch aus dem Ofen kommt, die Lauchstücke wegwerfen. Das Fleisch mit einer Schere in mundgerechte Häppchen schneiden. Es lässt sich gut nach Art des Ssambap (siehe S. 156) servieren.

TIPP —— *Servieren Sie dieses Gericht mit Reis, eingelegtem Gemüse (siehe S. 118), einer Kimchi-Variante und Ssamjang-Sauce (siehe S. 156).*

Scharfe Rindfleischsuppe mit Gemüse

YUKGAEJANG

육 개 장

Jeden Winter bereite ich diese Suppe zu, um besser durch die dunkle Jahreszeit zu kommen.

FÜR 4 PERSONEN
Vorbereitung 25 Minuten
Wartezeit 2 Stunden
Garzeit 1 Stunde

ZUTATEN
500 g Rindfleisch (am besten Saumfleisch)
1,5 l Wasser
50 ml klarer Schnaps (Soju oder Gin)
3 Knoblauchzehen
2 grüne Lauchblätter
100 g Ingwersirup (siehe S. 202)
3 EL Mat-Ganjang-Sauce (siehe S. 146)
200 g Bohnensprossen
5 Shiitakepilze (oder Austernseitlinge)
25 cm Lauch (weißer Teil)
1 EL Sesamöl
1 EL geschmacksneutrales Pflanzenöl
3 EL Sojasauce
½ TL Pfeffer

Das Fleisch in große, etwa 15 cm lange Stücke schneiden, dann in eine Schüssel legen. Mit kaltem Wasser übergießen und 1½ Stunden stehen lassen, damit es ausblutet, dabei das Wasser alle 30 Minuten wechseln. Anschließend das Fleisch abtropfen lassen. 1,5 l Wasser zum Kochen bringen. Fleisch, Schnaps, geschälte Knoblauchzehen und Lauchgrün hineingeben. Wieder zum Kochen bringen, dann bei mittlerer Hitze 40 Minuten ohne Deckel köcheln lassen.

Mit einem Löffel den Schaum von der Brühe abschöpfen. Das Fleisch herausnehmen und zur Seite stellen. Knoblauch und Lauchgrün wegwerfen. Das Fleisch etwas abkühlen lassen, dann mit der Hand in Stücke zupfen. In einer Schüssel mit Ingwersirup und Mat-Ganjang-Sauce vermischen.

In der Zwischenzeit die Bohnensprossen waschen. Die Pilze in 1,5 cm dicke Scheiben schneiden. Den weißen Teil des Lauchs in 5 cm lange Stücke schneiden, dann jeden Abschnitt der Länge nach halbieren und längs vierteln (eine Breite von 1 cm ist ideal).

Sesamöl und Pflanzenöl in einem Topf erhitzen. Das Fleisch darin 3 Minuten anbraten. Die Lauchstreifen und die Sojasauce zugeben und gut umrühren. Etwa 1 l der Brühe dazugießen, zum Kochen bringen und 10 Minuten köcheln lassen. Pilze und Bohnensprossen zugeben und 10 Minuten mitgaren. Die Suppe vor dem Servieren mit dem Pfeffer würzen und mit Salz abschmecken.

TIPP —— *Dazu passt Reis sowie Beilagen mit Gemüse oder Fisch.*

Doenjang-Suppe mit Rindfleisch und Chinakohl

SOGOGI BAECHU DOENJANG-GUK

소고기배추된장국

Eine nahrhafte Suppe mit Kohl, Rindfleisch und fermentierter Sojabohnenpaste – genau das Richtige, um sich morgens für einen anstrengenden Tag zu stärken, finde ich.

FÜR 4 PERSONEN

Vorbereitung 15 Minuten
Garzeit 30 Minuten

ZUTATEN

½ Chinakohl
300 g Rindersteak
4 Knoblauchzehen
1 EL Sesamöl
2 EL Mat-Ganjang-Sauce (siehe S. 146)
1 l Wasser
70 g Doenjang-Sojabohnenpaste

Die Chinakohlhälfte längs halbieren. Den Strunk entfernen. Jedes Viertel in etwa 2 cm breite Streifen schneiden, dann waschen und abtropfen lassen. Das Fleisch mit Küchenpapier abtupfen, um ausgetretenes Blut zu entfernen, dann in mundgerechte Stücke schneiden. Den Knoblauch schälen und durchpressen.

Das Sesamöl in einem Topf erhitzen. Fleisch, Knoblauch und Mat-Ganjang-Sauce zugeben und bei starker Hitze braten, bis das Fleisch gebräunt ist. Das Wasser zugießen und zum Kochen bringen. Chinakohl und Doenjang zugeben. Die Suppe 15 Minuten bei mittlerer Hitze kochen lassen. Heiß servieren.

TIPP —— *Servieren Sie diese Suppe mit Reis, gebratenen grünen Bohnen (siehe S. 64) oder Kimchi.*

FLEISCH

Koreanische Stubenküken-Suppe

YEONGGYE-BAEKSUK (SAMGYETANG)

영 계 백 숙

FÜR 3 PERSONEN
Vorbereitung 25 Minuten
Garzeit 1 Stunde

ZUTATEN
3 Stubenküken, küchenfertig
2 Knollen Knoblauch
¼ Speiserübe
½ Zwiebel
10 g Ingwer
3 grüne Lauchblätter
20 schwarze Pfefferkörner
2 l Wasser
100 ml klarer Schnaps (Soju oder Gin)
3 getrocknete Jujuben
20 g Gojibeeren
5 cm Lauch (weißer Teil)
¼ Bund Schnittlauch
Salz
Pfeffer
Sesam

Von den Stubenküken überschüssiges Fett entfernen.

Die Knoblauchzehen schälen und halbieren, falls nötig den Keim entfernen. Die Hälfte der Knoblauchzehen in einen Musselinbeutel geben. Rübe, Zwiebel und Ingwer schälen und hinzufügen, ebenso die grünen Lauchblätter und die Pfefferkörner. Das Wasser in einen großen Topf gießen und den Beutel hineinlegen. Zum Kochen bringen. Die Stubenküken in das kochende Wasser geben und den Schnaps hinzufügen. Wieder zum Kochen bringen, dann bei mittlerer Hitze 20 Minuten garen. Den restlichen Knoblauch, die Gojibeeren und die Jujuben zugeben. Das Ganze weitere 20 Minuten köcheln lassen.

Auf schwache Hitze schalten und die Suppe weitere 10 Minuten köcheln lassen. Mit einem Löffel das Fett von der Brühe abschöpfen. Die Stubenküken auf Servierschalen verteilen. In jede Schale etwas Brühe schöpfen, Knoblauch, Jujuben und Gojibeeren sowie den in dünne Ringe geschnittenen weißen Lauch gleichmäßig verteilen. Zum Schluss den Schnittlauch hinzufügen.

Für jeden Gast ein Schälchen mit einer Mischung aus Salz, Pfeffer und Sesam auf den Tisch stellen, um die Fleischstücke hineinzutauchen. Wer mag, kann auch die Brühe mit dieser Mischung abschmecken.

TIPP —— *Wenn das Fleisch verspeist ist, gibt man normalerweise Reis in die Brühe. Servieren Sie die Suppe mit Kimchi aus Rettich (siehe S. 94) oder aus Frühlingszwiebeln (siehe S. 96).*

VARIANTE —— *Samgyetang ist ebenfalls eine Suppe mit einem ganzen Stubenküken, sie enthält im Unterschied zu diesem Rezept jedoch Ginseng. Für eine Samgyetang 10 g Ginsengwurzel (frisch oder Pulver) mit den Stubenküken in den Topf geben.*

Mat-Ganjang-Sauce

MAT GANJANG

맛 간 장

Diese raffinierte Würzsauce ist ein wahres Zaubermittel. Man kann sie zum Verfeinern von allen Gerichten verwenden, die normalerweise mit einfacher Sojasauce zubereitet werden.

ERGIBT 250 ML

Vorbereitung 15 Minuten
Garzeit 20 Minuten
Wartezeit 15 Minuten

ZUTATEN

¼ Zwiebel
¼ Speiserübe
2 grüne Lauchblätter
⅓ Zitrone
⅓ Apfel
4 Knoblauchzehen
170 ml Sojasauce
130 ml Wasser
65 ml klarer Schnaps (Soju oder Gin)
15 ml Fischsauce
10 schwarze Pfefferkörner

Zwiebel und Rübe schälen. Den Lauch in Stücke schneiden. Zitrone und Apfel in dünne Scheiben schneiden. Die Knoblauchzehen schälen und halbieren, falls nötig den Keim entfernen.

Sojasauce, Wasser, Schnaps und Fischsauce in einen Topf gießen. Zwiebel, Rübe, Lauch, Knoblauch und Pfeffer dazugeben und das Ganze zugedeckt zum Kochen bringen. 10 Minuten bei mittlerer Hitze köcheln lassen. Dann Zitrone und Apfel zugeben und 10 Minuten zugedeckt mitköcheln lassen.

Den Herd ausschalten und den Deckel abnehmen. Die Sauce 15 Minuten abkühlen lassen, dann durch ein feines Sieb gießen. Die Zutaten gründlich ausdrücken und wegwerfen. Die Sauce in eine sterilisierte Flasche füllen (siehe S. 118).

Vor dem Verschließen auf Zimmertemperatur abkühlen lassen. Die Sauce hält sich im Kühlschrank etwa 3 Wochen.

Chili-Marinade

MAEUN YANGNYEOMJANG

매운 양념장

ERGIBT 750 ML
Vorbereitung 10 Minuten

ZUTATEN
2 Zwiebeln
2 Knollen Knoblauch
260 g Gochugaru-Chilipulver
200 ml Fischsauce
200 ml Ingwersirup (siehe S. 202)

Die Zwiebeln schälen und im Mixer pürieren. Die Knoblauchzehen schälen, falls nötig den Keim entfernen. Die Knoblauchzehen durchpressen.

Zwiebeln und Knoblauch in einer Schüssel mit Gochugaru, Fischsauce und Ingwersirup verrühren. Die Konsistenz sollte recht dickflüssig sein. Wenn die Marinade zu flüssig ist, mehr Gochugaru hinzufügen. Die Marinade in eine sterilisierte Flasche füllen (siehe S. 118). Sie hält sich im Kühlschrank etwa 6 Monate.

TIPP *—— Wenn zum Pürieren der Zwiebeln Flüssigkeit gebraucht wird, kein Wasser verwenden, sondern etwas Fischsauce.*

Barbecue-Marinade

BULGOGI YANGNYEOM

불고기양념

FÜR 700 G FLEISCH
Vorbereitung 10 Minuten

ZUTATEN
1 Zwiebel
5 g frischer Ingwer
½ Birne
6 Knoblauchzehen
100 ml Sojasauce
50 ml klarer Schnaps (Soju oder Gin)
2 EL Honig
35 g Zucker
1 TL gemahlener Pfeffer

Zwiebel und Ingwer schälen. Die Birne schälen und entkernen. Die Knoblauchzehen schälen und falls nötig den Keim entfernen. Alles im Mixer pürieren. Alles mit Sojasauce, Schnaps, Honig, Zucker und Pfeffer verrühren.

Diese Marinade kann 1 Woche aufbewahrt werden. Es ist jedoch besser, sie jeweils frisch zuzubereiten. Das marinierte Fleisch hält sich 2 Tage im Kühlschrank.

Bulgogi Ssambap mit Rind

BULGOGI SSAMBAP

불 고 기 쌈 밥

Bulgogi gehört zweifellos zu den bekanntesten Gerichten der koreanischen Küche. Vor allem in Form von Ssambap (siehe S. 156) eignet es sich hervorragend für eine gesellige Runde.

FÜR 4 PERSONEN
Vorbereitung 25 Minuten
Wartezeit 12 Stunden
Garzeit 10 Minuten

ZUTATEN
700 g Rindfleisch in hauchdünnen Scheiben
1 Rezeptmenge Barbecue-Marinade (siehe S. 148)
1 EL Sesamöl
½ Zwiebel
½ Karotte
3 Shiitakepilze (oder Champignons)
10 cm Lauch (weißer Teil)

Ssambap-Beilagen
1 Römersalatherz
gekochter weißer Reis (siehe S. 10), heiß
Ssamjang-Sauce (siehe S. 156)
1 Chicorée
Eingelegter Rettich (siehe S. 122)

Die Rindfleischscheiben in mundgerechte Streifen schneiden. In einer Schüssel mit der Barbecue-Marinade und dem Sesamöl übergießen und gut durchkneten. Das Fleisch mindestens 12 Stunden im Kühlschrank ruhen lassen.

Die Zwiebel schälen und in Scheiben schneiden. Die Karotte schälen und in dünne Stifte schneiden. Die Pilze in Scheiben schneiden.

Eine Pfanne erhitzen. Das Fleisch mit der Marinade hineingeben und gleichmäßig verteilen. Das vorbereitete Gemüse dazugeben und alles unter regelmäßigem Rühren 10 Minuten braten, bis das Fleisch gar ist.

Die Salatblätter jeweils mit einem Löffel Reis und einem Klecks Ssamjang-Sauce garnieren. Die Chicoréeblätter jeweils mit einer Scheibe Rettich, einem Löffel Reis und einem Klecks Ssamjang-Sauce garnieren. Die vorbereiteten Blätter zusammen mit der restlichen Ssamjang-Sauce auf einer Platte verteilen. Das Fleisch mit dem in feine Streifen geschnittenen Lauch bestreuen. Alles zusammen servieren, sodass sich jeder selbst bedienen kann.

Das rohe marinierte Fleisch kann im Kühlschrank bis zu 2 Tage aufbewahrt werden.

TIPP —— *Wenn die Zeit knapp ist, kann man dieses Gericht auch einfach mit einer Schale Reis servieren.*

Koreanische Rindfleisch-Burger

TTEOKGALBI

떡 갈 비

ERGIBT 6 BURGER
Vorbereitung 10 Minuten
Garzeit 15 Minuten

ZUTATEN
600 g Rinderhackfleisch
1 Zwiebel
½ Karotte
6 EL Sojasauce
4 EL Zucker
2 EL Ingwersirup (siehe S. 202)
1 EL Sesamöl
1 TL Salz
1 Prise Pfeffer
1 Eigelb
geschmacksneutrales Pflanzenöl
Schnittlauch
Pinienkerne

Das Hackfleisch mit Küchenpapier abtupfen, um ausgetretenes Blut zu entfernen, dann in eine Schüssel geben. Zwiebel und Karotte schälen, sehr fein hacken und hinzufügen. Sojasauce, Zucker, Ingwersirup, Sesamöl, Salz, Pfeffer und Eigelb dazugeben und alles verkneten. Die Konsistenz soll einer Paste ähneln.

Die Fleischmasse in sechs Portionen teilen. Mit den Händen zu gleichmäßigen, etwa 1 cm dicken Burgern formen. Mit dem Daumen jeweils in die Mitte eine Vertiefung drücken.

Eine Pfanne oder Grillpfanne mit etwas Pflanzenöl erhitzen. Die Burger mit der Vertiefung nach oben hineinlegen und insgesamt 5 Minuten braten, dabei regelmäßig wenden, damit das Fleisch nicht anbrennt. Dann 15 ml Wasser in die Pfanne geben, einen Deckel auflegen und die Burger noch 10 Minuten weitergaren, nach der Hälfte der Zeit die Burger wenden.

Die Burger auf einem Bett aus Schnittlauch anrichten und mit grob gehackten Pinienkernen bestreuen.

TIPP —— *Ich garniere diese Burger gern mit eingelegten Rettichscheiben (siehe S. 122), frischem Gemüse der Saison, Cheddar und Mayonnaise.*

백세주

Gegrillte Querrippe

GALBI

갈비

Galbi ist immer das erste Gericht, das ich esse, wenn ich nach Korea reise. Meine Mutter bereitet es bei jedem Besuch zur Begrüßung zu.

FÜR 4 PERSONEN
Vorbereitung 10 Minuten
Wartezeit 2 + 12 Stunden
Garzeit 15 Minuten

ZUTATEN
1 kg Querrippe mit Knochen, in dünne Scheiben geschnitten
20 cm Lauch (weißer Teil)
1 Kiwi
Barbecue-Marinade (siehe S. 148)
3 EL Sojasauce
1 EL Sesamöl
geschmacksneutrales Pflanzenöl

Das Fleisch für 2 Stunden in kaltes Wasser legen, dabei das Wasser alle 30 Minuten wechseln. Das Fleisch anschließend abgießen.

Den Lauch in vier Stücke schneiden und jedes Stück der Länge nach halbieren. Die Kiwi schälen und pürieren. Barbecue-Marinade, Sojasauce, Sesamöl und pürierte Kiwi zum Fleisch geben und alles gut vermengen. Den Lauch untermischen. Mindestens 12 Stunden im Kühlschrank ruhen lassen.

Eine geölte Grillpfanne stark erhitzen. Die Fleischscheiben und die Lauchstücke darin portionsweise bei mittlerer Hitze auf jeder Seite 7 Minuten braten.

Vor dem Servieren das Fleisch zwischen den Knochen mit einer Schere durchschneiden. Man kann es nach Art eines Ssambap (siehe S. 156) servieren oder mit Reis und Kimchi aus Chinakohl (siehe S. 90) genießen.

TIPP —— *Das rohe Fleisch kann in der Marinade 3 Tage im Kühlschrank aufbewahrt werden.*

Ssambap

SSAMBAP

쌈 밥

Ssambap ist weniger ein Gericht, als eine Art, Speisen zu servieren und zu essen: Gekochter Reis (bap) und andere Zutaten werden bei Tisch in ein Salat- oder Kohlblatt eingewickelt und dann verspeist.

Die Ssambap-Sauce (unten) darf dabei auf keinen Fall fehlen. Außerdem empfehle ich Folgendes vorzubereiten:
- *ein Fleischgericht: Samgyeopsal (siehe S. 166), Dwaeji-Bulgogi (siehe S. 134), Maekjeok (siehe S. 138) oder Bulgogi (siehe S. 150);*
- *kleine Beilagen: Kimchi sowie eingelegtes, rohes und gekochtes Gemüse*
- *eine Suppe, meist Doenjang-Jjigae (siehe S. 158)*
- *verschiedene Sorten grüner Salat*
- *½ gedämpfter Weißkohl*
- *1 Schüssel Reis.*

*Und so geht es: Alles auf dem Tisch anrichten (**A**). Ein großes Salatblatt nehmen und ein Blatt gedämpften Weißkohl darauflegen (**B**). Darauf Reis, einen Klecks Ssamjang-Sauce, ein Stück Fleisch und eine oder zwei kleine Beilagen nach eigenem Geschmack geben (**C**). Alles fest in das äußere Blatt einwickeln (**D–E**) und genießen. Und dann geht es wieder von vorne los (**F**).*

Gedämpfter Weißkohl

FÜR 4 PERSONEN

Vorbereitung 5 Minuten
Garzeit 25 Minuten

ZUTATEN

½ Kopf Weißkohl

Die äußeren Blätter des Kohls entfernen. Den halben Kohlkopf längs halbieren. Einen Dämpfeinsatz in einen Topf stellen. Wasser bis 1 cm unterhalb des Dämpfeinsatzes in den Topf geben. Die Kohlviertel mit einer Schnittfläche nach unten in den Dämpfeinsatz legen. Den Deckel auflegen. Das Wasser bei starker Hitze zum Kochen bringen, dann den Kohl bei mittlerer Hitze 15–20 Minuten dämpfen. Den Herd ausschalten und den Kohl abgedeckt 5 Minuten im Dampf ruhen lassen.

Ssamjang-Sauce

FÜR 4 PERSONEN

Vorbereitung 10 Minuten

ZUTATEN

40 g Gochujang-Chilipaste
30 g Doenjang-Sojabohnenpaste
1 TL Zucker
1 EL Sesamöl
½ EL Sesam
2 Knoblauchzehen, durchgepresst

Alle Zutaten verrühren. Die Sauce hält sich in einem luftdicht verschlossenen Glas im Kühlschrank etwa 2 Wochen.

FLEISCH

A

B

C

D

F

E

Doenjang-Eintopf mit Gemüse

DOENJANG-JJIGAE

된장찌개

Dieser Eintopf aus Gemüse und fermentierter Sojabohnenpaste eignet sich hervorragend als Beilage zu einem echten koreanischen Barbecue.

FÜR 4 PERSONEN
Vorbereitung 15 Minuten
Garzeit 20 Minuten

ZUTATEN
600 ml Wasser
1 Stück Kombu (12×12 cm)
1 Karotte
1 Zwiebel
½ Zucchini
½ Lauchstange (weißer Teil)
250 g fester Tofu
150 g Shimejipilze (oder Champignons)
½ grüne Chili
100 g Doenjang-Sojabohnenpaste
1 TL Gochugaru-Chilipulver (nach Belieben)

Das Wasser in einem Topf erhitzen. Den Kombu unter fließendem Wasser abspülen und in den Topf geben.

Die Karotte schälen, längs vierteln und in 1 cm dicke Scheiben schneiden. Die Zwiebel schälen und grob hacken. Wenn das Wasser kocht, Karotte und Zwiebel zugeben.

Die Zucchini längs vierteln, in 1,5 cm dicke Scheiben schneiden und in die Brühe geben, sobald diese wieder kocht. 10 Minuten köcheln lassen. In der Zwischenzeit den Lauch schräg in 1 cm dicke Scheiben und den Tofu in 2 cm große Würfel schneiden. Von den Shimejipilzen das untere Ende entfernen (Champignons vierteln). Die Chilischote in 1 cm dicke Ringe schneiden, dann unter fließendem Wasser die Samen abspülen.

Nach Ablauf der 10 Minuten Lauch, Tofu, Pilze, Chili und Doenjang in den Topf geben. Die Brühe wieder zum Kochen bringen und weitere 5 Minuten köcheln lassen. Zum Schluss nach Belieben mit mehr Doenjang abschmecken. Wer gern scharf isst, kann das Gochugaru-Chilipulver unterrühren.

FLEISCH

Bataviasalat mit Kimchi-Dressing

SANGCHU-GEOTJEORI

상 추 겉 절 이

Eine Beilage, die ich oft anstelle von Kimchi oder kleinen Gemüsegerichten für einen spontanen Grillabend zubereite.

FÜR 4 PERSONEN
Vorbereitung 10 Minuten

ZUTATEN
½ Bataviasalat
½ Zwiebel
½ Karotte
Zitrone

Für das Dressing
1 EL Gochugaru-Chilipulver
2 EL Sojasauce
1 EL Fischsauce
3 EL Apfelessig
2 EL Zucker
1 TL Knoblauchpulver
1 EL Sesamöl
½ EL Sesam

Die Salatblätter grob zerteilen und in eine Schüssel geben. Die Zwiebel schälen und in feine Streifen schneiden. In einer Schale Wasser mit ein paar Tropfen Essig 5 Minuten ziehen lassen, dann abgießen und zum Salat geben. Die Karotte schälen, in dünne Stifte schneiden und hinzufügen.

Für das Dressing alle Zutaten in einer Schüssel verrühren, dann über den Salat gießen. Vor dem Servieren gut durchmischen.

TIPP —— *Dieser Salat sollte sofort serviert werden. Sie können ihn als Beilage anstelle von Kimchi zu gegrilltem oder gebratenem mariniertem Fleisch servieren.*

FLEISCH

Lauchsalat

PA-MUCHIM

파무침

Die Kombination von Lauch und gegrilltem Schweinebauch ist ein großer Genuss. Das Schneiden der feinen Lauchstreifen macht etwas Arbeit, aber am Tisch werden Sie feststellen, dass sich die Mühe gelohnt hat.

FÜR 4 PERSONEN

Vorbereitung 20 Minuten
Wartezeit 10 Minuten

ZUTATEN

4 Lauchstangen (weißer Teil)
etwas Essig

Für das Dressing

1 EL Gochugaru-Chilipulver
2 EL Sojasauce
1 EL Fischsauce
4 EL Apfelessig
2 EL Zucker
½ TL Knoblauchpulver
1 EL Sesamöl
½ EL Sesam

Die Lauchstangen der Länge nach halbieren. Die inneren und äußeren Blätter trennen. Die Blätter jeweils in der Mitte falten und dann der Länge nach fein schneiden. Den zerkleinerten Lauch in eine Schüssel mit Wasser und einigen Tropfen Essig legen 10 Minuten ziehen lassen, dann zum Abtropfen in ein Sieb geben.

Für das Dressing alle Zutaten in einer Schüssel verrühren. Den Lauch mit dem Dressing mischen und den Salat sofort servieren.

TIPP —— *Dieser Salat sollte sofort serviert werden. Er wird häufig als Beilage zum koreanischen Barbecue (siehe S. 166) gereicht, wo sich alles um knusprigen Schweinebauch dreht.*

FLEISCH

cass
FRESH

Koreanisches Barbecue

SAMGYEOPSAL

삼 겹 살

Samgyeopsal ist die koreanische Bezeichnung für Schweinebauch, aber auch für dieses Gericht mit gegrilltem Schweinebauch und Gemüse. Oft wird es auch als Ssambap (siehe S. 156) genossen. Die Zubereitungsweise bietet sich an, wenn man mit der Familie oder Freunden eine gesellige Runde plant. Man stellt eine Pfanne, klassisch oder aus Gusseisen, auf eine Kochplatte in die Mitte des Tisches oder man verwendet einen kleinen Elektrogrill, um das Fleisch am Tisch zu garen. Dazu kann man Lauchsalat (siehe S. 162) servieren, der gut zu Schweinefleisch und den anderen Elementen des Ssambap passt. Hier folgen einige Tipps, um ein koreanisches Schweinebauch-Barbecue zu organisieren.

FÜR 4 PERSONEN
Vorbereitung 10 Minuten
Garzeit 10 Minuten

ZUTATEN
1 kg Schweinebauch, in Scheiben geschnitten
Fleur de sel, Pfeffer
8 Champignons
2 Kräuterseitlinge
1 Zwiebel
300 g Kimchi aus Chinakohl (siehe S. 90)

Bratreis
2 Schalen gekochter Reis
1 Eigelb
200 g Kimchi aus Chinakohl (siehe S. 90)
1 Stück Nori-Alge
1 EL Sesamöl

Schweinebauch
Die Pfanne auf der Kochplatte erhitzen. Den Schweinebauch hineinlegen. Mit Fleur de sel und Pfeffer würzen. Nach 3–5 Minuten wenden, wenn auf der Oberseite Flüssigkeit sichtbar wird. Die Unterseite sollte dann goldbraun sein. Das vorbereitete Gemüse (siehe unten) um das Fleisch herum anordnen. Noch 3–5 Minuten braten, dann das Fleisch erneut wenden. Nach weiteren 3 Minuten das Fleisch mit einer Schere in mundgerechte Stücke schneiden. Jeder Gast kann sich nun bedienen.

Gemüse
Champignons: Die Stiele entfernen. Die Hüte mit der Wölbung nach unten auf den Grill legen. Wenn sich die Hüte mit Saft füllen, etwas Salz dazugeben. Anschließend genießen. Kräuterseitlinge: Längs in 5 mm dicke Scheiben schneiden und von beiden Seiten goldbraun braten. Mit Ssamjang-Sauce genießen. Zwiebel: In 1 cm dicke Ringe schneiden und von beiden Seiten goldbraun braten. In ein Salatblatt einwickeln oder einfach in die Ssamjang-Sauce tauchen. Kimchi: Kann kalt gegessen, aber auch erhitzt werden.

Bratreis
Gegen Ende der Mahlzeit, wenn nur noch wenige Zutaten in der Pfanne liegen, kann man Reis braten. Dazu die Zutaten für den Bratreis in die Pfanne geben und mit den bereits vorhandenen Zutaten vermischen. Wer mag, kann auch Lauchsalat mitbraten.

TIPP —— *Man kann das Fleisch natürlich auch auf dem Herd in einer Pfanne braten und dann auf Teller verteilen. Jede Scheibe mit 1 Prise Knoblauchpulver, Salz und Pfeffer würzen. Dazu Bataviasalat mit Kimchi-Dressing (siehe S. 160) sowie Ssamjang-Sauce (siehe S. 156) servieren.*

FISCH

생선

Das Meer um Korea ist eine wahre Schatzkammer. Wir genießen Fisch und Meeresfrüchte in allen Variationen: roh, gegrillt, gedünstet oder auch geschmort … In diesem Kapitel finden Sie traditionelle Rezepte, aber auch moderne kleine Speisen.

Gebratene Makrelen

GODEUNGEO-GUI

고등어구이

Die Makrele ist einer der beliebtesten Speisefische in Korea. Das hat sicherlich mit ihrem unverwechselbaren Geschmack zu tun. Wir verwenden sie für Hauptgerichte, aber auch als Beilage.

FÜR 4 PERSONEN

Vorbereitung 15 Minuten
Wartezeit 30 Minuten
Garzeit 20 Minuten

ZUTATEN

2 große Makrelen, küchenfertig
8 Prisen grobes Salz
4 EL geschmacksneutrales Pflanzenöl

Von den Makrelen Flossen und Schwanz abschneiden. Die Bauchlappen aufklappen und die Fische unter fließendem Wasser abspülen, um Blutreste, die bitter schmecken, zu entfernen.

Die Fische bis zur Mittelgräte aufklappen und mit 2 Prisen grobem Salz bestreuen. Das Salz 2 Minuten vorsichtig mit der Hand einreiben. Die gesalzenen Fische 30 Minuten ruhen lassen.

In einer Pfanne 2 EL Öl erhitzen. Den ersten Fisch zuklappen und in die Pfanne legen. Bei starker Hitze 5 Minuten zugedeckt braten. Dann den Fisch bei schwacher Hitze weitere 10 Minuten garen. Wenn das Fleisch weiß geworden ist, den Fisch umdrehen. Die Temperatur wieder auf starke Hitze stellen und die Makrele zugedeckt in weiteren 5 Minuten fertig garen. Mit dem zweiten Fisch ebenso verfahren. Heiß servieren.

TIPP —— *Servieren Sie dazu Reis, Doenjang-Suppe mit Rindfleisch und Chinakohl (siehe S. 142) sowie einen Bataviasalat mit Kimchi-Dressing (siehe S. 114) oder Kimchi.*

Makrele mit Kimchi

GODEUNGEO KIMCHI-JORIM

고등어김치조림

Die Makrelen, die man in Korea kaufen kann, sind in der Regel recht groß. Wählen Sie fleischige Makrelen und servieren Sie dazu Kimchi, damit sie ihren vollen Geschmack entfalten.

FÜR 4 PERSONEN

Vorbereitung 20 Minuten
Garzeit 45 Minuten

ZUTATEN

500 g Makrelen, küchenfertig
½ Zwiebel
10 cm Lauch (weißer Teil)
30 g Chili-Marinade (siehe S. 148)
25 g Doenjang-Sojabohnenpaste
1 EL Ingwersirup (siehe S. 202)
2 EL Mat-Ganjang-Sauce (siehe S. 146)
50 ml klarer Schnaps (Soju oder Gin)
400 g Kimchi aus Chinakohl (siehe S. 90)
300 ml Wasser

Von den Makrelen Schwanz und Flossen abschneiden. Jeden Fisch in drei Stücke schneiden. Die Zwiebel schälen und in 1 cm dicke Ringe schneiden. Den Lauch schräg in 1 cm dicke Ringe schneiden.

Für die Sauce die Chili-Marinade mit, Doenjang, Ingwersirup, Mat-Ganjang-Sauce und Schnaps verrühren.

Den Kimchi ungeschnitten auf den Boden eines Topfes legen (idealerweise ¼ Kohlkopf). Die Makrelenstücke auf den Kimchi geben. Das Wasser zugießen, dann die Sauce gut auf dem gesamten Fisch verteilen. Die Zwiebel dazugeben. Bei starker Hitze halb zugedeckt zum Kochen bringen, dann 30 Minuten bei mittlerer bis schwacher Hitze köcheln lassen. Den Lauch zugeben und die Zutaten einmal vorsichtig umrühren. Weitere 10 Minuten köcheln lassen. Mit Reis und eingelegtem Gemüse servieren.

Fischküchlein

EOMUK

어묵

Eomuk ist die Hauptzutat vieler Gerichte in Korea. Da er in Frankreich kaum zu bekommen ist, bereite ich ihn selbst zu.

ERGIBT 500 G
Vorbereitung 25 Minuten
Garzeit 20 Minuten

ZUTATEN
⅓ Karotte
1 Frühlingszwiebel
200 g rohe Garnelen
100 g Oktopus, küchenfertig
300 g Kabeljaufilet
20 g Kartoffelstärke
30 g Weizenmehl
2 Eiweiß
1 Prise Salz
1 Prise Pfeffer
700 ml geschmacksneutrales Pflanzenöl

Karotte und Frühlingszwiebel sehr fein hacken. Die Garnelen schälen und den Darm entfernen. Den Oktopus häuten, falls nötig, und die Mittelgräte entfernen. Garnelen, Oktopus und Kabeljaufilet zusammen im Mixer pürieren (**A**). Diese Mischung in einer Schüssel mit Gemüse, Kartoffelstärke, 25 g Mehl, Eiweiß (das Eigelb aufbewahren und mit Sojasauce auf einer Schüssel Reis essen), Salz und Pfeffer vermischen (**B**).

Das Öl in einem Topf oder in der Fritteuse auf 170 °C erhitzen. Ein großes Brett mit dem restlichen Mehl bestäuben. Etwa 70 g der Fischmasse abnehmen und auf das Brett legen (**C**). Die Masse mithilfe eines Spatels über das Mehl rollen, um sie so zu einer Rolle zu formen (**D**). Das Fischröllchen auf den Spatel legen und mithilfe eines Stäbchens vorsichtig in das heiße Öl tauchen (**E**). Aus der restlichen Masse weitere Röllchen formen. Jedes Röllchen 7 Minuten frittieren, dann aus dem Öl nehmen und mindestens 5 Minuten abtropfen lassen. Die Röllchen nochmals 2 Minuten frittieren und wieder abtropfen lassen.

Die Röllchen auf einen Spieß stecken und mit Ketchup (**F**) servieren.

TIPP —— *Die Fischmasse kann auch als Zutat für andere Gerichte verwendet werden. Sie hält sich im Kühlschrank 2 Tage und kann auch eingefroren werden.*

A

B

C

D

E

F

Dorade royale

DOMI-JJIM

도 미 찜

FÜR 2 PERSONEN

Vorbereitung 30 Minuten
Wartezeit 20 Minuten
Garzeit 25 Minuten

ZUTATEN

1 Dorade, küchenfertig
3 EL klarer Schnaps (Soju oder Gin)
2 TL Fleur de sel
2 TL gemahlener Ingwer
½ TL Pfeffer
6 grüne Lauchblätter
5 g frischer Ingwer
½ Bio-Zitrone

Garnierung

1 Ei
Salz
geschmacksneutrales Pflanzenöl
2 Shiitakepilze
½ EL Ingwersirup (siehe S. 202)
1 EL Mat-Ganjang-Sauce (siehe S. 146)
⅔ Karotte
⅓ Zucchini
½ Lauchstange (weißer Teil)

Sauce

1 EL Sojasauce
2 EL Apfelessig
½ EL Zucker
½ TL Senf

Falls nötig den Fisch schuppen. Dafür mit einem Messer vorsichtig mit einem Messer vom Schwanz Richtung Kopf über den Fisch schaben. Den Fisch säubern, dabei Schwanz und Flossen kräftig zwischen den Fingern reiben. Das Innere und die Kiemen unter fließendem Wasser gründlich abspülen.

Den Schnaps mit Fleur de sel, Ingwer und Pfeffer verrühren. Die Dorade mit dieser Marinade innen und außen bestreichen. Leicht einmassieren und 15 Minuten ruhen lassen.

Für die Garnierung das Ei trennen. Eiweiß und Eigelb jeweils mit etwas Salz würzen und getrennt verquirlen. Aus Eiweiß und Eigelb separat in einer Pfanne in etwas Öl jeweils ein dünnes Omelett braten und in Streifen schneiden. Die Pilze in Stifte schneiden und dann mit dem Ingwersirup und der Mat-Ganjang-Sauce vermischen. 3 Minuten in etwas Öl anbraten. Die Karotte schälen und in dünne Stifte schneiden, dann in etwas Öl 3 Minuten braten, dabei mit 1 Prise Salz bestreuen. Ebenso die Zucchini anbraten. Zum Schluss den Lauch in feine Streifen schneiden. Alles separat zur Seite stellen.

Die Dorade auf jeder Seite dreimal schräg einschneiden. Einen Dämpfkorb in einen großen Topf stellen und Wasser bis 2 cm unter den Korb einfüllen. Den Dämpfkorb mit den Lauchblättern auslegen, den in Streifen geschnittenen frischen Ingwer und die in Scheiben geschnittene Zitrone darauf verteilen. Die Dorade darauflegen und mit der restlichen Marinade übergießen. Zudecken und zum Kochen bringen. Die Dorade bei mittlerer Hitze 15 Minuten dämpfen, dabei den Deckel nicht anheben. Den Herd ausschalten und den Fisch noch 5 Minuten zugedeckt ruhen lassen. Den Deckel abnehmen und den Fisch einige Minuten abkühlen lassen.

Die Zutaten für die Sauce verrühren. Die Lauchstreifen auf einer Servierplatte verteilen und die Dorade darauflegen. Die einzelnen Bestandteile der Garnierung getrennt auf dem Fisch verteilen. Fisch und Sauce getrennt servieren. Bei Tisch nimmt sich jeder ein Stückchen Fisch und etwas von der Garnierung und taucht es in die Sauce.

Kabeljauröllchen

SEANGSEON-MARIGUI

생선 말이 구이

FÜR 2 PERSONEN
Vorbereitung 25 Minuten
Garzeit 10 Minuten

ZUTATEN
400 g Kabeljaurücken
⅓ Karotte
2 Shiitakepilze
4 dünne Frühlingszwiebeln
80 g Bohnensprossen
3 EL geschmacksneutrales Pflanzenöl

Sauce
2 EL Weißwein
1 EL Ingwersirup (siehe S. 202)
4 EL Mat-Ganjang-Sauce (siehe S. 146)
1 TL Sesamöl
1 Prise Pfeffer

Den Fisch in etwa 12 cm lange und 1 cm dicke Scheiben schneiden. Die Karotte schälen und in feine Streifen schneiden. Die Pilze in dünne Scheiben schneiden. Die Frühlingszwiebeln in 5 cm lange Stücke schneiden. Die Bohnensprossen waschen und abtropfen lassen.

Auf jedes Fischstück etwas Karotte, Frühlingszwiebel, ein paar Pilzscheiben und einige Bohnensprossen legen. Den Fisch zusammenrollen, um die Zutaten einzuschließen, und mit einem kleinen Holzspieß fixieren.

Für die Sauce den Wein mit Ingwersirup, Mat-Ganjang-Sauce, Sesamöl und Pfeffer verrühren.

Etwas Pflanzenöl in einer Pfanne erhitzen. Die Fischröllchen hineingeben und in 3 Minuten rundherum hellbraun braten. Die Sauce dazugießen. Die Röllchen bei schwacher Hitze noch 5 Minuten köcheln lassen, dabei vorsichtig wenden, damit sie nicht zerfallen.

Vor dem Servieren die Holzspieße entfernen.

Fisch-Nuggets

SEANGSEON-TUIGIM

생선튀김샐러드

Meine Variante von Fish and Chips: leichte, knusprige Fisch-Nuggets, auf einem kleinen Salat serviert.

FÜR 4 PERSONEN
Vorbereitung 30 Minuten
Garzeit 10 Minuten

ZUTATEN
¼ Kopf Eisbergsalat
¼ Kopf Bataviasalat
½ Zwiebel
etwas Essig
700 g weißes Fischfilet
Salz
Pfeffer
Knoblauchpulver
2 Eier
80 g Weizenmehl
120 g Semmelbrösel (oder Panko)
1 l geschmacksneutrales Pflanzenöl

Sauce
4 EL Mat-Ganjang-Sauce (siehe S. 146)
2 EL Zucker
4 EL Apfelessig
3 EL Mineralwasser
1 Prise Pfeffer

Die Salate in Streifen schneiden. Die Zwiebel schälen und in dünne Ringe schneiden, dann für 5 Minuten in kaltes Wasser mit einigen Tropfen Essig legen. Alle Zutaten für die Sauce in einer Schüssel verrühren.

Den Fisch in rechteckige Stücke schneiden, etwa 3 cm dick, 5 cm breit und 7 cm lang. Jedes Stück großzügig mit Salz, Pfeffer und Knoblauchpulver bestreuen und 5 Minuten ziehen lassen. Die Eier in einer Schale verquirlen, Mehl und Semmelbrösel auf Teller verteilen. Jedes Fischstück zuerst in dem Mehl wenden, dann in verquirltem Ei und zuletzt in den Semmelbröseln.

Das Öl in einem Topf oder in der Fritteuse auf 170 °C erhitzen. Die panierten Fischstücke darin 7 Minuten frittieren, falls nötig portionsweise. Vorsichtig herausnehmen und 5 Minuten abtropfen lassen. Dann weitere 3 Minuten frittieren und erneut 5 Minuten abtropfen lassen.

Die Salatstreifen und die abgetropften Zwiebel auf eine Servierplatte geben. Mit der Sauce beträufeln. Die Fisch-Nuggets darauf anrichten und sofort servieren.

TIPP —— *Statt weißem Fischfilet kann auch Lachs verwendet werden.*

Tintenfischröllchen

OJINGEO-MARI

오징어말이

In Korea werden diese kleinen Röllchen aus Tintenfisch und Gemüse traditionell für Einweihungsfeiern zubereitet. In Frankreich serviere ich sie meinen Gästen gern zum Aperitif.

ERGIBT ETWA 20 RÖLLCHEN

Vorbereitung 25 Minuten
Garzeit 5 Minuten

ZUTATEN

4 Tintenfischtuben (z. B. vom Kalmar), küchenfertig
⅓ Karotte
½ rote Paprika
½ gelbe Paprika
10 cm Salatgurke
8 Scheiben eingelegter Rettich (Seite 122)

Pikante Sauce

25 g Gochujang-Chilipaste
1 EL Apfelessig
1 EL Zucker
1 EL Zitronensirup (siehe S. 198)
½ EL Sojasauce
1 TL Sesamöl
1 Prise Sesam

Milde Sauce

1 EL Sojasauce
½ EL Zucker
2 EL Apfelessig
½ TL Senf
2 Stängel Schnittlauch, gehackt

Falls nötig die Tintenfische häuten, dann längs aufschneiden und aufklappen, die Mittelgräte entfernen. Die Tintenfische unter fließendem Wasser abspülen. Auf der Außenseite mit einem scharfen Messer dicht an dicht kreuzweise einritzen, ohne das Fleisch zu durchstechen.

Salzwasser in einem Topf zum Kochen bringen. Die Tintenfische hineingeben und 5 Minuten blanchieren, dann in ein Sieb abgießen und zum Abkühlen zur Seite stellen.

Die geschälte Karotte und die Paprika in 5 mm dicke Streifen schneiden. Die Gurke halbieren und die Kerne entfernen. Das Fruchtfleisch in Streifen schneiden.

In jedes Stück Tintenfisch zwei Scheiben eingelegten Rettich legen sowie jeweils ein Viertel der Karotten-, Paprika- und Gurkenstreifen. Zusammenrollen und im Abstand von 2 cm mit Holzstäbchen fixieren. Zwischen den einzelnen Stäbchen durchschneiden, sodass kleine Rollen entstehen.

Die Zutaten für die gewünschte Sauce verrühren. Die Tintenfischröllchen eintauchen und genießen.

FISCH

Doenjang-Suppe mit Spinat

SIGEUMCHI DOENJANG-GUK

시금치 된장국

Eine einfache und elegante Suppe mit Spinat, Jakobsmuscheln und Doenjang-Paste. Ich koche sie besonders gern im Winter, weil sie schön durchwärmt.

FÜR 4 PERSONEN
Vorbereitung 5 Minuten
Garzeit 10 Minuten

ZUTATEN
250 g Spinat
200 g kleine Jakobsmuscheln
1,5 l Wasser vom dritten Waschgang des Reises (siehe S. 10)
130 g Doenjang-Sojabohnenpaste
4 EL Mat-Ganjang-Sauce (siehe S. 146)

Den Spinat waschen und abtropfen lassen. Die Jakobsmuscheln abspülen und abtropfen lassen.

Das Wasser zum Kochen bringen. Die Doenjang-Sojabohnenpaste einrühren. Wenn sich die Paste aufgelöst hat, die Jakobsmuscheln hinzufügen.

Die Flüssigkeit wieder zum Kochen bringen, dann 5 Minuten köcheln lassen. Den Spinat hinzufügen und 3 Minuten mitgaren, bis er zusammenfällt. Die Mat-Ganjang-Sauce hinzufügen. Falls nötig mit Salz nachwürzen.

FISCH

GETRÄNKE & SÜSSES
다과

Von gefüllten kleinen Pfannkuchen über Kekse und Reisbällchen bis hin zu Sirup und Getränken: Für dieses Kapitel habe ich unwiderstehliche süße Rezepte aus der koreanischen Küchentradition zusammengestellt.

Gefüllte Pfannkuchen

HOTTEOK

호떡

ERGIBT 6 PFANN-KUCHEN
Vorbereitung 15 Minuten
Wartezeit 2 Stunden
Garzeit 30 Minuten

ZUTATEN
50 ml Milch
200 ml Wasser
5 g Trockenhefe
15 g Zucker
200 g Weizenmehl
70 g Klebreismehl
1 TL Salz
geschmacksneutrales Pflanzenöl

Füllung
30 g Körnermischung (Sonnenblumen- und Kürbiskerne, Walnuss- und Haselnusskerne)
60 g brauner Zucker
1 TL Zimt

Milch und Wasser in einen Topf geben und lauwarm werden lassen. Mit der Hefe und dem Zucker verrühren. Für 5 Minuten zur Seite stellen.

Weizenmehl, Klebreismehl und Salz in eine Schüssel geben. Die Wasser-Milch-Mischung vorsichtig in drei Portionen unterrühren. Einweghandschuhe anziehen und diese großzügig mit Pflanzenöl einfetten. Den Teig mit der Hand kneten, bis er klebrig, aber glatt ist. Bei Zimmertemperatur 2 Stunden zugedeckt ruhen lassen.

Für die Füllung die verschiedenen Nüsse und Saaten hacken und mit dem braunen Zucker und dem Zimt vermischen.

Etwas Pflanzenöl in einer kleinen Pfanne (Ø 9 cm) erhitzen. Handschuhe anziehen und großzügig einölen. Eine Handvoll Teig abnehmen (**A**), flach drücken und eine Vertiefung in die Mitte drücken (**B**). 1 gehäuften EL Körnerfüllung hineingeben (**C**). Den Teigrand rundherum hochziehen und zusammendrücken, um die Füllung einzuschließen (**D**).

Die Teigkugel in die Pfanne legen. Mit einem eingeölten Pfannkuchenformer (oder mit einem eingeölten Spatel) vorsichtig flach drücken, ohne den Teig zu beschädigen (**E**). Den Pfannkuchen 5 Minuten backen, dann wenden und die andere Seite backen. Beide Seiten sollen goldbraun sein. Insgesamt sechs Pfannkuchen herstellen und sofort servieren (**F**).

A

B

C

D

E

F

Matcha-Pfannkuchen mit weißer Schokolade

NOKCHA-HOTTEOK

녹 차 호 떡

Wer das Rezept einmal beherrscht, kann den Geschmack des Teigs und die Zusammensetzung der Füllung nach Lust und Laune variieren – nutzen Sie die vielen wunderbaren Schokoladensorten, die es im Handel gibt.

ERGIBT 6 PFANNKUCHEN
Vorbereitung 15 Minuten
Wartezeit 2 Stunden
Garzeit 30 Minuten

ZUTATEN
5 g Trockenhefe
25 g Zucker
200 ml lauwarmes Wasser
50 ml Milch
2 EL Matcha (Grünteepulver)
200 g Weizenmehl
70 g Klebreismehl
1 TL Salz
geschmacksneutrales Pflanzenöl

Füllung
50 g weiße Kuvertüre
30 g Haselnusskerne
⅓ TL gemahlene Vanille

Die Hefe und den Zucker mit dem lauwarmen Wasser verrühren. Für 5 Minuten zur Seite stellen. Die Milch lauwarm werden lassen, dann mit dem Matcha verrühren. Die Matcha-Milch mit dem Hefeansatz verrühren.

Weizenmehl, Klebreismehl und Salz in eine Schüssel geben. Die Milch-Mischung vorsichtig in drei Portionen unterrühren. Einweghandschuhe anziehen und diese großzügig mit Öl einfetten. Den Teig mit der Hand kneten, bis er glatt und klebrig ist. Den Teig bei Zimmertemperatur zugedeckt 2 Stunden ruhen lassen.

Für die Füllung die Kuvertüre in Späne hobeln, die Nüsse hacken. Mit der Vanille vermischen.

Etwas Pflanzenöl in einer kleinen Pfanne (Ø 9 cm) erhitzen. Wieder Handschuhe anziehen und großzügig einölen. Eine gute Handvoll Teig abnehmen, flach drücken und eine Vertiefung in die Mitte drücken. 1 gehäuften EL Schoko-Haselnuss-Füllung hineingeben. Den Teigrand rundherum hochziehen und zusammendrücken, um die Füllung einzuschließen.

Die Teigkugel in die Pfanne legen. Mit einem eingeölten Pfannkuchenformer (oder mit einem eingeölten Spatel) vorsichtig flach drücken, ohne den Teig zu beschädigen. Den Pfannkuchen 5 Minuten backen, dann wenden und die andere Seite backen. Beide Seiten sollen goldbraun sein. Insgesamt sechs Pfannkuchen herstellen. Nach Belieben miteiner Kugel Vanilleeis und frischen Beeren servieren und mit Matcha bestreuen.

Süße Reiskugeln

GYEONGDAN

경 단

Dies ist das erste Rezept, das ich in der Schule in Korea gelernt habe. Die Füllungen für die hübschen kleinen Reiskugeln können nach Lust und Laune variiert werden. Eine Schale heißer Tee passt gut dazu.

ERGIBT 25 KUGELN
Vorbereitung 40 Minuten
Wartezeit 10 Minuten
Garzeit 10 Minuten

ZUTATEN
200 g Klebreismehl
½ TL Salz
30 g Zucker
100–150 ml kochendes Wasser
30 g Löffelbiskuits
5 g Matcha (Grüntee-pulver)
5 g Kakaopulver
5 g lila Süßkartoffelpulver
125 g Rote-Bohnen-Paste (Anko)
30 g Kartoffelstärke

Das Klebreismehl mit dem Salz und 10 g Zucker in eine Schüssel geben. Esslöffelweise kochendes Wasser zufügen und mit einem Löffel umrühren, dann mit der Hand vermengen. Das Wasser muss immer kochend heiß bleiben. So viel Wasser zugeben, bis ein fester, glatter Teig entsteht, der an Knetmasse erinnert. Den Teig 5 Minuten kräftig durchkneten, dann bei Zimmertemperatur zugedeckt 10 Minuten ruhen lassen.

Die Löffelbiskuits zerdrücken und durch ein feines Sieb streichen, um ein Pulver zu erhalten. Das Pulver gleichmäßig auf drei kleine Teller verteilen; jeweils eine Portion mit Matcha, Kakao und Süßkartoffelpulver einfärben.

Den Teig in Portionen von 12 g teilen. Zu kleinen Kugeln formen. In die Mitte jeder Kugel eine Vertiefung drücken, 5 g Bohnenpaste hineinfüllen und den Teig wieder zur Kugel formen, sodass die Bohnenpaste vollständig umhüllt wird. Die Kugeln in der Kartoffelstärke wälzen.

In einem Topf Wasser zum Kochen bringen. Die Kugeln hingeben. Wenn sie an die Oberfläche steigen, noch 2 Minuten warten, dann mit einem Schaumlöffel herausnehmen. In einer Schüssel mit kaltem Wasser abschrecken, dann in eine zweite Schüssel mit kaltem Wasser geben. Die Kugeln abtropfen lassen und in den restlichen 20 g Zucker wälzen.

Je ein Drittel der Kugeln in einem der vorbereiteten farbigen Kekspulver wälzen – Kakao, Matcha und Süßkartoffel. Die Reiskugeln mit einer Schale Tee servieren.

Dalgona-Kekse

DALGONA

달 고 나

Diese »Kekse« bestehen aus Karamell. In Korea wurden sie an kleinen Ständen vor den Schulen verkauft. Wenn man es schaffte, die Form aus dem Keks herauszudrücken, ohne sie zu zerbrechen, bekam man vom Händler als Belohnung einen zweiten Keks umsonst.

ERGIBT 1–2 KEKSE
Vorbereitung 5 Minuten
Garzeit 5 Minuten

ZUTATEN
2 EL Zucker
¼ TL Natron
geschmacksneutrales Pflanzenöl

Ein Backblech mit Backpapier auslegen.

Den Zucker in eine Schöpfkelle aus Edelstahl geben. Die Schöpfkelle über eine offene Flamme halten und den Zucker mit einem Einweg-Essstäbchen umrühren. Die Schöpfkelle unter ständigem Rühren von der Flamme entfernen und dann den Abstand wieder verringern, um die Temperatur zu regulieren, damit der Zucker nicht verbrennt.

Wenn der Zucker geschmolzen ist, aber noch nicht kocht, das Natron hinzufügen und den Abstand zur Flamme vergrößern. Kräftig rühren, bis eine schaumige hellbraune Paste entsteht. Wenn ein Karamellgeruch wahrnehmbar wird, noch 20 Sekunden weiterrühren und die Masse in ein bis zwei Portionen kreisförmig auf das vorbereitete Blech gießen. Den Karamellrest in der Schöpfkelle belassen. 20 Sekunden warten und dann die Karamellmasse auf dem Blech mit einem kleinen Topf oder einem hitzebeständigen Glas 5 Minuten flach drücken. Achtung: Die Wartezeit kann je nach Umgebungstemperatur variieren. Die hier angegebenen Zeiten gelten für eine Zimmertemperatur von ca. 20 °C.

Sofort nach dem Abheben des Topfes oder Glases einen kleinen Keksausstecher kurz in die Masse drücken. Die Dalgona-Kekse vor dem Servieren vollständig abkühlen lassen.

Yakgwa-Plätzchen

YAKGWA

약 과

Wenn ich als Kind meine Großmutter besuchte, ging ich gerne in ihr Wohnzimmer. Und dann öffnete sie ihre Schublade, um mir ein solches Plätzchen zu schenken, das ich wie einen Schatz in meine kleinen Hände nahm …

ERGIBT 20 PLÄTZCHEN
Vorbereitung 30 Minuten
Wartezeit 24 Stunden
Garzeit 20 Minuten

ZUTATEN
1 l geschmacksneutrales Pflanzenöl
20 Sonnenblumenkerne
20 Kürbiskerne
5 getrocknete Jujuben

Jip-Cheong-Sirup
5 g Ingwer
100 ml Wasser
320 g Reissirup
50 g Honig

Teig
200 g Mehl
½ EL Sesamöl
1 TL Salz
1 Prise Pfeffer
1 TL Zimt
75 g brauner Zucker
30 ml Wasser
25 ml Jip-Cheong-Sirup (siehe oben)
20 ml geschmacks-neutrales Pflanzenöl

Für den Jip-Cheong-Sirup den Ingwer schälen und in einen Topf geben. Das Wasser, den Reissirup und den Honig hinzufügen und bei mittlerer Hitze zum Kochen bringen. Wenn der Sirup aufzusteigen beginnt, die Temperatur auf schwache Hitze reduzieren und den Sirup noch 5 Minuten köcheln lassen. Den Ingwer herausfischen und wegwerfen, den Sirup zur Seite stellen.

Für den Teig das Mehl in eine Schüssel geben und mit dem Sesamöl beträufeln. Mit den Fingern gründlich vermischen. Das Mehl mithilfe eines Löffels durch ein feines Sieb streichen. Das gesiebte Mehl mit Salz, Pfeffer und Zimt mischen. Den braunen Zucker mit dem Wasser in eine Schüssel geben und rühren, bis der Zucker aufgelöst ist. Das Zuckerwasser zusammen mit 25 ml Jip-Cheong-Sirup und dem Pflanzenöl zum Mehl geben. Das Ganze mit einem Teigschaber gründlich vermischen. Wenn der Teig homogen ist, zügig mit der Hand zu einer Kugel formen. Den Teig möglichst wenig kneten, sonst werden die Kekse zäh.

Den Teig auf einem Brett mit einem Nudelholz 1 cm dick ausrollen. Mit einem kleinen Ausstecher (Ø 3,5 cm) Plätzchen ausstechen. Die Mitte mit einem Finger leicht eindrücken und die Teigoberfläche mit einem Zahnstocher zehnmal einstechen, dann den Ausstecher entfernen.

Das Pflanzenöl in einem Wok oder Topf bei mittlerer Temperatur erhitzen. Eine Hand über das Öl halten, um den Temperaturanstieg zu prüfen. Wenn die Hitze leicht anzusteigen beginnt, die Teigstücke hineingeben. Plätzchen, die am Boden ansetzen oder aneinanderkleben, vorsichtig ablösen. Wenn die Plätzchen an die Oberfläche steigen, auf starke Hitze umschalten. Sobald die Plätzchen goldbraun sind, aus dem Öl nehmen und sofort in den restlichen Jip-Cheong-Sirup tauchen. Mindestens 6 Stunden bei Zimmertemperatur ruhen lassen.

Die Plätzchen zum Abtropfen auf ein Gitter legen. Mit Sonnenblumen- und Kürbiskernen und Blüten aus Jujube verzieren. Einige Tropfen Jip-Cheong-Sirup auf die Verzierungen geben. Bis zum nächsten Tag trocknen lassen. Die Trocknung ist abgeschlossen, wenn der Sirup nicht mehr zu stark an den Fingern klebt.

TIPP —— *Um die Jujube-Blüten herzustellen, ein Messer schräg in Längsrichtung in eine Jujube einstechen und mit einer Drehung den Kern entfernen. Die Jujube auf der Innenseite mit Sirup bestreichen und fest aufrollen. In dünne Scheiben schneiden.*

Zitronensirup

LEMON-CHEONG

레 몬 청

Dieser fruchtige Sirup eignet sich hervorragend für erfrischende Getränke, Salatdressings oder Marinaden.

ERGIBT 1 GLAS À 500 ML
Vorbereitung 30 Minuten

ZUTATEN
8–10 Bio-Zitronen
1 Bio-Limette
Natron
330 g Zucker

Die Zitronen und die Limette waschen, die Schale gut mit Natron einreiben, dann abspülen. Aus den Zitronen 300 ml Saft pressen. Den Saft mit dem Zucker vermischen und umrühren, bis sich der Zucker aufgelöst hat.

Die restlichen ein bis zwei Zitronen und die Limette in sehr dünne Scheiben schneiden. Die Scheiben mit dem gezuckerten Zitronensaft mischen und alles in ein sterilisiertes Glas füllen (siehe S. 118).

Der Sirup mit den Zitronenscheiben hält sich im Kühlschrank 3 Monate.

Limonade

LIMONADE

레 몬 에 이 드

Mein Lieblingsgetränk in Korea! Süße und Säure stehen in einem perfekt ausgewogenen Verhältnis, und schon beim ersten Schluck spürt man die ganze Frische der Zitrusfrüchte im Mund.

ERGIBT JE 1 GLAS À 330 ML

Limonade naturell 3 EL Zitronensirup (siehe S. 198) und 1 Scheibe eingelegte Zitrone in das Glas geben. 250 ml gut gekühltes Mineralwasser mit Kohlensäure dazugießen und vorsichtig umrühren.

Mit Himbeeren 10 Himbeeren grob auf dem Boden des Glases zerdrücken. 3 EL Zitronensirup (siehe S. 198) hinzufügen. 250 ml gut gekühltes Mineralwasser mit Kohlensäure dazugießen und vorsichtig umrühren.

Mit Minze Einige Minzeblätter in Stücke zupfen, damit sie ihr Aroma freigeben, und in ein Glas legen. 3 EL Zitronensirup (siehe S. 198) hinzufügen. 250 ml gut gekühltes Mineralwasser mit Kohlensäure dazugießen und vorsichtig umrühren.

Ingwersirup

SAENGGANG-CHEONG

생 강 청

Ich habe immer ein kleines Glas Ingwersirup im Kühlschrank. Er schmeckt sehr gut in einer Tasse Tee und wird auch für seine Heilwirkung gerühmt.

ERGIBT 1 GLAS À 500 ML
Vorbereitung 40 Minuten
Wartezeit 2 Stunden
Garzeit 50 Minuten

ZUTATEN
1 kg Ingwer
1 Birne
500 g Rohrohrzucker

Den Ingwer für 30 Minuten in kaltes Wasser legen, damit er sich leichter schälen lässt. Anschließend sorgfältig schälen, dabei die breiteren Teile mit einem kleinen Löffel und die Ecken mit einem kleinen Messer abschaben. Die Birne schälen und entkernen.

Ingwer und Birne grob zerteilen und zusammen im Mixer glatt pürieren. Ein feines Sieb auf eine Schüssel setzen und mit einem Passiertuch auslegen. Das Ingwerpüree hineingeben und mit einer Schöpfkelle auspressen, damit möglichst viel Saft austritt. Die festen Bestandteile im Sieb wegwerfen. Die Schüssel mit dem Saft 1½ Stunden stehen lassen.

Den Saft sehr vorsichtig in einen Topf gießen. Dabei soll die Stärke, die sich am Boden abgesetzt hat, in der Schüssel bleiben. Den Zucker zugeben und die Mischung ohne Deckel bei schwacher bis mittlerer Hitze 50 Minuten köcheln lassen, dabei regelmäßig umrühren.

Den Sirup in ein sterilisiertes Glas (siehe S. 118) füllen. Nach dem Abkühlen in den Kühlschrank stellen. Dort hält er sich 3 Monate.

Getränke mit Ingwer

SAENGGANG-EUMLYO

생 강 음 료

Ingwertee

ERGIBT 1 TASSE

Vorbereitung 5 Minuten

ZUTATEN

330 ml Wasser
2 EL Ingwersirup (siehe S. 202)

Das Wasser zum Kochen bringen und mit dem Sirup verrühren.

Ingwermilch

ERGIBT 1 TASSE

Vorbereitung 5 Minuten

ZUTATEN

330 ml Milch
2 EL Ingwersirup (siehe S. 202)
1 Prise Zimt

Die Milch erhitzen, aber nicht kochen lassen. Mit dem Sirup verrühren und mit Zimt bestreuen.

ANHANG

Vorrat

Apfelessig —— Koreanischer Apfelessig wird oft zum Abschmecken von Saucen verwendet. Er kann durch hochwertigen, fruchtigen Apfelessig aus europäischer Produktion ersetzt werden.

Chunjang —— Die Paste aus fermentierten schwarzen Bohnen stammt ursprünglich aus dem Nordosten Chinas. In Korea kommt sie in Gerichten zum Einsatz, für die Jjajang-Sauce verwendet wird, in der Chunjang die Hauptzutat ist. Chunjang gibt es in zwei Varianten: die normale (die ich empfehle) muss vor der Verwendung zunächst angebraten werden; die vorgegarte ist bereits angebraten. Deshalb beim Einkauf die Packungsaufschrift sorgfältig lesen!

Currypulver —— In Korea gibt es nur eine Currymischung, die von der Firma Ottogi® entwickelt wurde und bis heute vertrieben wird. Curry ist eine Gewürzmischung, die im 20. Jahrhundert Eingang in die koreanische Küche gefunden und sich seitdem schnell etabliert hat.

Dangmyeon —— Die Glasnudeln aus Süßkartoffelstärke findet man im Asialaden unter der Bezeichnung »Korean Style Vermicelli«. Die gegarten Nudeln haben eine elastische Textur. Alternativ können Sie auch vietnamesische Mungobohnennudeln verwenden, die geschmacklich ähnlich sind, aber eine etwas andere Konsistenz aufweisen. Vietnamesische Nudeln vor dem Kochen nur 1 Stunde in Wasser einweichen, koreanische Dangmyeon 2 Stunden.

Doenjang —— Eine fermentierte Sojabohnenpaste, die vielen Suppen und Marinaden das unverwechselbare Aroma verleiht. Man findet sie im Asialaden oder über das Internet; im Kühlschrank kann sie mehrere Monate aufbewahrt werden.

Fischsauce —— Fischsauce ist auch in Europa inzwischen leicht zu bekommen. Je nach Herkunftsland unterscheiden sich die Produkte im Geschmack geringfügig. Statt koreanischer Fischsauce kann auch vietnamesische Nuoc mâm verwendet werden.

Getrocknete Jujuben —— Die kleinen Steinfrüchte, auch als chinesische Datteln bekannt, finden sowohl als Zutat wie auch als Dekoration Verwendung.

Gim-Algen —— Diese Alge, in Europa besser unter dem japanischen Namen »Nori« bekannt, gibt es im Handel in zwei Varianten: Zum einen werden große getrocknete Blätter angeboten, mit denen man Gimbap rollen kann (siehe S. 116). Zum anderen findet man, ebenfalls getrocknet, kleine, gewürzte Algenstücke, die ohne weitere Zubereitung direkt aus der Packung als Beilage zu Reis, Kimchi oder anderen Speisen gegessen werden können.

Gochugaru-Chilipulver —— Das Pulver aus getrockneten roten Chilischoten ist unentbehrlich für Gerichte mit ausgewogener Schärfe. Es dient ähnlich wie Pfeffer in der europäischen Küche auch zum Abschmecken.

Gochujang-Chilipaste —— Diese pikante Würzpaste ist eine Grundzutat der koreanischen Küche. Sie wird in sehr vielen koreanischen Gerichten verwendet und ist im Kühlschrank lange haltbar.

Maissirup —— Maissirup wird in manchen Gerichten anstelle von Zucker verwendet, weil er gut an den Zutaten haftet. Ersatzweise kann auch Honig verwendet werden, der jedoch mehr Eigenschmack mitbringt. Auch Agavendicksaft ist eine mögliche Alternative.

Miyeok-Algen —— Diese Algen werden in der Regel getrocknet verkauft. Nach dem Einweichen eignen sie sich hervorragend für bestimmte Suppen und Salate. Unter der japanischen Bezeichnung »Wakame« findet man sie in gut sortierten Supermärkten oder im Bioladen.

Reismehl —— Im Handel findet man sowohl gewöhnliches Reismehl als auch Klebreismehl. Beide können nicht gegeneinander ausgetauscht werden, lesen Sie darum die Packungsaufschrift genau. Klebreismehl wird häufig für Süßspeisen verwendet, aber auch für Kimchi. Gelegentlich kommt es in Teigen zum Einsatz, um ihnen eine elastischere Konsistenz zu geben.

Reissirup —— Reissirup wird hauptsächlich für Desserts verwendet. Er sorgt für die gewünschte Konsistenz und gibt ihnen Glanz.

Rettich —— Weiße asiatische Rettiche gibt es in verschiedenen Größen und Formen. In Europa ist meist nur die längliche Sorte erhältlich. Ersatzweise kann man in vielen Rezepten auch schwarzen Rettich oder Speiserüben verwenden.

Sesam —— Gerösteter Sesam – manchmal grob zerdrückt – wird normalerweise am Ende der Zubereitung wie ein Gewürz einer

Speise hinzugefügt. Man verwendet ihn auch für Desserts. Er kann hellbraun oder schwarz sein. Die Farbe wird nach optischen Gesichtspunkten ausgewählt, auf den Geschmack hat sie keinen Einfluss. Wer häufiger Sesam isst, sollte ein Produkt aus Korea verwenden, bevorzugt aus biologischem Anbau.

Sesamöl ——— Koreanisches Sesamöl wird aus geröstetem Sesam gewonnen und hat einen milden Geschmack. Ersatzweise kann japanisches Sesamöl verwendet werden, das milder ist als Produkte aus anderen Ländern.

Sojasauce ——— Dunkle Sojasauce ist für eine Vielzahl von Gerichten und Würzungen unverzichtbar. Wenn keine koreanische Sojasauce erhältlich ist, kann auch jede andere Sojasauce einer asiatischen Marke verwendet werden, vorzugsweise eine mit niedrigem Salzgehalt.

Soju ——— Diese relativ geschmacksneutrale koreanische Spirituose macht Fleisch zart und neutralisiert den Fleischgeruch, der in der koreanischen Küche als unangenehm empfunden wird. Als Ersatz können Sie die gleiche Menge Gin verwenden.

Somyeon ——— Diese hauchdünnen Weizennudeln können warm oder kalt serviert werden. Damit sie gelingen, muss das Kochwasser mehrmals mit kaltem Wasser abgekühlt werden. Diese Nudeln sind auch unter dem japanischen Namen »Somen« bekannt.

Tofu ——— Fester Tofu wird in vielen Gerichten verwendet, entweder als Hauptzutat oder als Bestandteil z. B. einer Brühe. Er kann kalt gegessen, erwärmt, gekocht oder in der Pfanne gebraten werden. Er ist in jedem gut sortierten Supermarkt erhältlich, es lohnt sich aber, den Asialaden aufzusuchen, wo es authentische Produkte gibt.

Küchenutensilien

Für die koreanische Alltagsküche braucht man in der Regel kein besonderes Zubehör. Ich habe alle hier verwendeten Utensilien in großen Haushaltswarengeschäften oder im Onlinehandel gekauft.

Essstäbchen —— Für mich gibt es kein besseres Kochwerkzeug. Ich verwende Stäbchen, wenn ich Fleisch oder Gemüse brate, um eine einzelne Zutat zu greifen und an ihren richtigen Platz zu legen. Auch für das präzise Anordnen einer Garnierung sind sie praktisch.

Feines Sieb —— Ein feines Sieb eignet sich zum Abtropfen von Frittiertem oder Eingemachtem, aber auch, um die Zutaten für eine Brühe aufzunehmen.

Gemüsehobel —— Hochwertige Geräte verfügen über Klingen zum Wechseln, sodass man nicht nur Scheiben schneiden kann, sondern auch dünne Stifte, wie sie in der koreanischen Küche oft verwendet werden, z. B. der Rettich für Kimchi.

Großer Stieltopf —— Ein breiter Stieltopf oder ein Wok ist in der koreanischen Küche sehr nützlich.

Großes, schmales Messer —— So ein Messer ist ideal zum Schneiden von Fleisch und Geflügel, vorausgesetzt, es ist gut geschärft.

Gusseisenpfanne —— Ideal, um mariniertes Fleisch zu braten, vor allem, wenn es direkt am Tisch gegart wird. Sie kann durch jede andere große, schwere Pfanne oder einen Tischgrill ersetzt werden.

Kleine Pfanne —— Ich liebe meine kleine Pfanne mit einem Durchmesser von nur 9 cm. Perfekt für Pfannkuchen und Spiegeleier!

Knoblauchpresse —— Unverzichtbar in der koreanischen Küche. Mit der Presse lässt sich Knoblauch viel schneller fein zerkleinern als von Hand mit einem Messer.

Kochmesser —— Ein großes Messer mit breiter Klinge ist sehr praktisch zum Zerkleinern von Gemüse und zum feinen Hacken von Zutaten.

Konditor-Spatel —— Ich verwende ihn gern, um bestimmte Speisen in Form zu bringen oder Saucen in einem Zug zu glätten.

Küchenzange —— Gut geeignet, um bestimmte Zutaten zu zerteilen. Ich verwende die Zange auch, um Fleisch auf dem Grill oder in der Pfanne zu wenden oder Lebensmittel aus heißem Frittierfett zu heben.

Mörser und Stößel —— In einem Mörser aus Holz lassen sich Sesamkörner leicht zerkleinern.

Musselinbeutel —— Kleine Beutel aus Baumwolle sind praktisch, um Würzzutaten aufzunehmen, die eine Suppe aromatisieren und später entfernt werden müssen. Wiederverwendbar, umweltfreundlich und nachhaltig.

Pfannkuchenformer —— Er besteht aus einer runden Metallplatte mit Griff (auf S. 189 ist er zu sehen). Ich verwende ihn zum Formen von Pfannkuchen und anderen Desserts.

Pinsel —— Um Zutaten mit der richtigen Menge Sauce zu bestreichen oder empfindliche Lebensmittel mit einer Marinade zu umhüllen, ist ein Küchenpinsel ein guter Helfer.

Schaumlöffel —— Ich verwende ihn oft, um zwischen zwei Frittiergängen Rückstände aus dem Öl zu fischen, die den Geschmack und die Optik der Speisen verderben können. Auch praktisch zum Entfernen von erstarrtem Fett von einer Fleischbrühe.

Schere —— In Europa würde man eine Schere am Schreibtisch oder bei der Nähmaschine suchen, in Korea gehört sie in die Küche. Man verwendet sie zum Schneiden von Kimchi, Schnittlauch, Nudeln, Schweinebauch oder Geflügelhaut.

Schmortopf —— Ein gusseiserner Schmortopf oder ein großer Topf ist für Reis und Schmorgerichte unerlässlich. Wichtig ist ein gut schließender Deckel.

Schneebesen —— Manche koreanischen Teige sind recht zäh und klebrig, darum sollte der Schneebesen stabil sein. Modelle aus Silikon sind für solche Teige leider nicht geeignet.

Rezeptregister

REIS · TEIG · GEMÜSE · KIMCHI & CO. · FLEISCH · FISCH · GETRÄNKE & SÜSSES

Zutatenregister

DK | Penguin Random House

Für die deutsche Ausgabe:
Projektbetreuung Muriel Magon
Herstellungskoordination Katharina Schäfer
Herstellung Stefanie Staat

Übersetzung Wiebke Krabbe
Lektorat Carmen Söntgerath

Titel der französischen Originalausgabe:
Cuisine Coréenne maison – 100 recettes, techniques et conseils pour cuisiner chez soi comme en Corée

Der Originaltitel erschien 2022 in Frankreich bei Marabout, ein Imprint der Hachette Livre, 58, rue Jean Bleuzen, 92178 Vanves

Ein Unternehmen der
Penguin Random House Group
Alle deutschsprachigen Rechte vorbehalten

Rezepte und Texte Jina Jung
Fotografie Akiko Ida
Styling Christine Légeret
Zutaten ACE Mart, Paris
Keramik-Props Atelier Lande (Cécile Gaudey), Nous Paris & Chiche Ceramiques, Émilie Chaillou (Instagram: @chicheceramiques)
Design Jérôme Cousin und Nicolas Galy für NoOok

ISBN 978-3-8310-4788-8
5902-970688-23343-03

Druck und Bindung Toppan Leefung, China

FSC www.fsc.org MIX Papier | Fördert gute Waldnutzung FSC® C104723

www.dk-verlag.de

Dank

Zuallererst danke ich meinem Mann Cyril Canac, der mich während der gesamten Entstehung dieses Buches unterstützt und ermutigt hat.

Meiner Mutter danke ich für alles – ihre Anwesenheit und die Familienrezepte, ohne die ich niemals kulinarisches Bewusstsein entwickelt hätte. *Je t'aime maman!*

Meinen jüngeren Schwestern Yena und Iena danke ich dafür, dass sie mich während der Arbeit an diesem Buch so liebevoll begleitet haben.

Ein Dankeschön geht an meine gesamte französische Schwiegerfamilie, die Familie Canac. Dort habe ich gelernt, meine koreanische Küche an die europäischen Vorlieben anzupassen und so viel mehr Menschen zugänglich zu machen.

Ich danke meinen Freundinnen Myeongju und Rayoung, die sich so unkompliziert für das Fotoshooting des koreanischen Barbecues zur Verfügung gestellt haben.

Ich danke Akiko Ida, der Fotografin dieses Buches, die nicht nur hinreißende Fotos gemacht hat – sie war wie eine große Schwester für mich.

Dank gebührt meiner Verlegerin Galatéa Pedroche, die mir bei der Arbeit an diesem Buch viel Vertrauen und Freiheit geschenkt hat.

Christine Légeret hat es geschafft, authentische koreanische Tische zu decken – auch dafür ein herzliches Dankeschön.

Und schließlich danke ich allen, die mich auf meinem Youtube-Kanal Jay's KFOOD und meinem Instagram-Account @jay_cuisine_corenne unterstützen!